Umysł i Symulacja

FEVZI H.

UMYSŁ I SYMULACJA

Czy nasze Postrzeganie Rzeczywistości
jest Iluzją?

2025

Umysł i Symulacja

Fevzi H.

ZAWARTOŚĆ

O autorze

Jestem Fevzi H. , myśliciel i autor z głęboką wiedzą w dziedzinie nauki i filozofii, eksplorujący koncepcje multidyscyplinarne. Kwestionując granice między światem fizycznym i metafizycznym, odbywam intelektualną podróż, aby zrozumieć uniwersalną naturę świadomości. Przez lata badałem takie tematy, jak świadomość, mechanika kwantowa, wszechświaty równoległe i sztuczna inteligencja, łącząc teorie naukowe z podejściami filozoficznymi, aby zagłębić się w złożoność ludzkiego umysłu.

W moich pismach przedstawiam radykalne idee dotyczące natury świadomości i jej związku ze wszechświatem. Badając nie tylko dane naukowe , ale także intelektualne dziedzictwo ludzkości, chcę zaoferować moim czytelnikom nowe perspektywy. Mój styl pisania opiera się na upraszczaniu złożonych teorii i używaniu języka, który zachęca do głębokiego myślenia.

Każda z moich prac zaprasza czytelników do podjęcia kolejnego kroku w kierunku odkrycia tajemnic wszechświata i świadomości. Łącząc nowoczesną myśl naukową z dociekaniami filozoficznymi, oferuję innowacyjne i prowokujące do myślenia perspektywy na temat natury świadomości i jej uniwersalnych powiązań.

Przedmowa

Natura rzeczywistości była jednym z najgłębszych i najbardziej zagadkowych pytań ludzkości. Czy naprawdę istniejemy w sposób, w jaki postrzegamy, czy też nasze doświadczenie rzeczywistości jest jedynie iluzją? Czy świat prezentowany nam przez nasze zmysły jest wierną reprezentacją prawdy, czy też jest wyrafinowaną symulacją stworzoną przez nasze mózgi? Od starożytnych filozofów po współczesnych fizyków kwantowych, to dociekanie ukształtowało same podstawy naszego zrozumienia.

Ta książka łączy wiele dyscyplin, aby zbadać granice percepcji, świadomości i samego wszechświata. Czerpiąc z filozofii, neuronauki, fizyki kwantowej i sztucznej inteligencji, zagłębia się w tajemnice istnienia i możliwość, że to, co nazywamy „rzeczywistością", może być czymś o wiele bardziej złożonym, niż zakładamy.

Przez pryzmat myślicieli takich jak Platon, Kartezjusz, Berkeley i Bostrom badamy filozoficzne perspektywy dotyczące natury rzeczywistości i możliwości, że możemy żyć w symulacji. Jednocześnie badamy najnowsze odkrycia naukowe, od dziwacznych zasad mechaniki kwantowej po zdolność mózgu do kształtowania percepcji i implikacje sztucznej inteligencji w tworzeniu nowych symulowanych światów.

Jeśli żyjemy w symulacji, co to oznacza? Czy wszechświat jest konstrukcją matematyczną, rządzoną przez kody i algorytmy? Czy nasz mózg nie tylko doświadcza symulacji, ale także generuje swoją własną? I być może najbardziej intrygujące pytanie ze wszystkich — jeśli jesteśmy w symulacji, czy istnieje sposób na ucieczkę?

Ta książka to intelektualna podróż przez skrzyżowanie nauki, filozofii i technologii, zaprojektowana dla tych, którzy chcą kwestionować granice swojego zrozumienia. Bądź przygotowany na przemyślenie wszystkiego, co wiesz — ponieważ rzeczywistość może nie być tak realna, jak się wydaje.

ROZDZIAŁ 1

Podstawy naszego postrzegania rzeczywistości

1.1 Czym jest rzeczywistość? Granica między percepcją a prawdą

Rzeczywistość jest jednym z podstawowych elementów naszego życia; stanowi muzę, na której opiera się całość, i stanowi przestrzeń, w której istniejemy i doświadczamy sektora. Jednak ta koncepcja była przedmiotem filozoficznych dociekań w całej historii ludzkości. Czym jest rzeczywistość? Czy rzeczywistość jest esencją wszystkiego, czy też jesteśmy po prostu osadzeni w fantazmacie? Pytania te były badane zarówno z filozoficznych, jak i naukowych punktów widzenia, co doprowadziło do rozwoju licznych punktów widzenia. Granica między prawdą a percepcją jest kluczowa dla tych informacji.

W terminach filozoficznych rzeczywistość jest czasami używana w odniesieniu do celu międzynarodowego, jednak może być również zdefiniowana jako zbiór ukształtowany za pomocą pojęcia. Aby przybliżyć, o jakim rodzaju prawdy mówimy, musimy najpierw wyjaśnić znaczenie słowa „fakt". Rzeczywistość jest zazwyczaj rozumiana jako styl życia zewnętrznych przedmiotów, niezależnie od ludzkiego pojęcia. Uważa się, że te byty istnieją niezależnie od naszego ich rozpoznania. Jednak czy docelowa interpretacja faktu jasno wyznacza granicę między percepcją a faktem?

Styl życia zjawisk fizycznych, które obejmują Ziemię, Układ Słoneczny, galaktyki i kształt wszechświata, można potwierdzić za pomocą oświadczenia klinicznego. Zjawiska te sugerują styl życia świata poza zasięgiem ludzkiej uwagi. Jednak pytanie, czy istnieje najprostsza forma rzeczywistości, pozostaje bardziej skomplikowane. Czy rzeczywistość jest absolutnie uświęconą tradycją konstrukcją, czy też kształtem ukształtowanym poprzez percepcję każdej jednostki?

Percepcja jest najbliższym doświadczeniem, jakiego powinniśmy doświadczyć do prawdy. Jednak wiara jest techniką prywatną i subiektywną. Nasze zmysły uzyskują fakty ze świata zewnętrznego, które są następnie interpretowane i rozumiane za pomocą umysłu. Jednak dokładność naszego pojęcia zależy od tego, jak nasz umysł traktuje zapisy sensoryczne. Innymi słowy, rzeczywistość zewnętrzna jest rekonstruowana w naszych umysłach poprzez wyłączne procedury w naszym umyśle.

Nasze mózgi nie najlepiej rozumieją zapisy pochodzące z naszych zmysłów, ale dodatkowo łączą je z naszymi studiami pozaziemskimi, informacjami kulturowymi i osobistymi ideałami. W ten sposób jedna osoba może również cieszyć się prawdą w inny sposób niż każda inna, ponieważ wiara zmienia się w zależności od struktury mózgu każdej postaci, jej stanu emocjonalnego i przeszłości historycznej.

Na przykład ktoś, kto stoi na zatłoczonej i hałaśliwej drodze miejskiej, może również postrzegać chaos w wyjątkowy sposób. Dla niego grupa może również wydawać się bałaganem i zamieszaniem, podczas gdy dla innego mężczyzny lub kobiety ten przypadek może być po prostu codzienną częścią codziennego życia. Te różnice podkreślają, jak subiektywne jest pojęcie i pokazują, że każdy człowiek ocenia rzeczywistość w zupełnie wyjątkowy sposób.

Prawda jest ogólnie rozumiana jako obiektywny fakt. Składa się ona z niezmiennych bytów, takich jak wytyczne prawne natury, prawdy matematyczne lub standardowe standardy, które istnieją niezależnie od czasu i obszaru. W terminologii filozoficznej fakt odnosi się do tego, co jest zgodne z „faktem"; innymi słowy, fakt jest zgodny z faktem. Jednak kwestionowanie stylów życia prawdy od dawna jest tematem dyskusji w filozofii.

Wielu filozofów twierdziło, że rzeczywistość istnieje poza ludzką percepcją. Platon poszukiwał faktów w sferze ideałów i zalecał, aby cielesna globalność stała się jedynie cieniem tego wyższego faktu. Ten kąt służy jako niezbędne miejsce do rozpoczęcia myślenia o naturze faktu i wiedzy, ograniczonej strukturze ludzkiego poznania. Według Platona fakt istniał bardziej w sferze intelektualnej niż w zewnętrznej międzynarodowej.

Z drugiej strony, znane powiedzenie Kartezjusza „Przyjmuję, zatem jestem" postrzega fakt jako indywidualny proces weryfikacji. Kartezjusz wątpił w życie globalnego ciała , ale potwierdzał rozumienie myśli. Ta technika daje percepcję jako technikę intelektualną, która pozwala jednostce uzyskać dostęp do faktu.

Granica między wiarą a rzeczywistością jest ważna dla zrozumienia, w jaki sposób te dwa standardy oddziałują na siebie i kształtują się wzajemnie. Podczas gdy rzeczywistość jest regularnie postrzegana jako odbicie wiary, prawda pozostaje głębszą ideą. Ludzka świadomość może nie uzyskać od razu dostępu do faktów, jednak próbuje interpretować i doświadczać zewnętrznej rzeczywistości poprzez wiarę.

W tym kontekście rzeczywistość jest często postrzegana jako weryfikacja celu, ale ze względu na fakt, że ludzkie postrzeganie rzeczywistości jest różne, prawda nabiera wyjątkowego znaczenia dla każdej jednostki. Na przykład naukowiec mógłby przeprowadzić eksperymenty, aby rozpoznać charakter cielesnego międzynarodowego, podczas gdy artysta mógłby również dążyć do wyrażenia prawdy w słowach sensorycznych i estetycznych. Obaj próbują znaleźć prawdę, jednak każdy podąża inną drogą, a każda ścieżka wykazuje unikalny aspekt faktu.

Natura rzeczywistości jest zagadką, która została omówiona z każdego punktu widzenia filozoficznego i medycznego. Percepcja pełni kluczową funkcję jako nasz najbliższy kontakt z rzeczywistością, podczas gdy rzeczywistość reprezentuje niezmienne, zwyczajowe idee. Granica między nimi może być często cienka i niejednoznaczna. Nasze umysły postrzegają rzeczywistość tylko w ograniczony sposób, a ta percepcja składa się z unikalnej prawdy dla każdego mężczyzny lub kobiety.

Ostatecznie, nawet jeśli prawda może pozostać ustalonym życiem wewnątrz zewnętrznej międzynarodowej, wiara i rzeczywistość są prywatnymi i społecznymi konstrukcjami, które można nieustannie zastanawiać. Ten proces prowadzi nas do głębszej wiedzy na temat charakteru faktu, zarówno w zakresie charakteru, jak i typowych zakresów.

1.2 Mózg i przetwarzanie informacji: połączenie między światem zewnętrznym a naszym umysłem

Umysł jest jednym z najbardziej złożonych i niezbędnych organów w ciele człowieka, pełniąc funkcję ośrodka kontroli wszystkich zdolności poznawczych, od podstawowych procedur podtrzymujących istnienie po najbardziej zaawansowane czynniki wiary, rozumowania i uwagi. Nasza wiedza o otaczającym nas świecie nie jest najlepiej zbudowana z naszych opowieści sensorycznych, ale także z trudnej zdolności umysłu do przetwarzania, interpretowania i integrowania tych informacji.

Mózg jest wyjątkowo nowoczesnym urządzeniem przetwarzającym dane . Otrzymuje dane ze świata zewnętrznego za pośrednictwem narządów zmysłów — w tym oczu, uszu, nozdrzy i skóry — które przekształcają bodźce cielesne w sygnały elektryczne, które mogą być interpretowane za pomocą mózgu. Następnie mózg przetwarza te sygnały, łączy je z wcześniejszymi raportami i wspomnieniami i generuje spójną reprezentację faktu.

Centralne urządzenie zmartwione odgrywa ważną rolę w tej metodzie. Kiedy światło dociera do uwagi, jest załamywane na siatkówce, gdzie wyspecjalizowane komórki (fotoreceptory) zamieniają światło na alerty elektryczne. Sygnały te przechodzą przez nerw wzrokowy do kory wzrokowej, która przetwarza zapisy wizualne i przyczynia się do tworzenia obrazu, który rozumiemy. Podobnie dźwięki są wychwytywane przez uszy i przekształcane na sygnały elektryczne, które mogą być wysyłane do kory słuchowej w celu interpretacji.

Jednakże te bodźce sensoryczne nie są wirtualnie przekazywane w ich surowej formie. Interpretacja statystyk sensorycznych przez mózg jest wywoływana za pomocą procesów poznawczych, w tym uwagi, oczekiwania, emocji i wcześniejszego zrozumienia. To pozwala nam stworzyć intelektualny model otaczającej nas areny, gdzie postrzegamy i reagujemy na obiekty, ludzi i sytuacje w sposób, który nie jest po prostu celowy, ale także znaczący dla nas.

Nasze struktury sensoryczne dostarczają nam ważnych danych o globalnym świecie zewnętrznym, jednak mózg jest odpowiedzialny za nadanie sensu tym informacjom. Na przykład, gdy dotykamy ciepłego przedmiotu, nasza skóra wykrywa zmianę temperatury, a neurony sensoryczne przesyłają te statystyki do rdzenia kręgowego, który następnie przekazuje sygnał do mózgu. Umysł analizuje te fakty, porównuje je z poprzednimi historiami i rejestruje uczucie bólu. Ten system działa tak szybko, że często postrzegamy go jako ciągłą, natychmiastową reakcję.

Ale pojęcie nie dotyczy tylko surowego wejścia, które otrzymujemy z naszych narządów zmysłów; dotyczy również tego, jak mózg organizuje i interpretuje te statystyki. Mózg nieustannie formułuje przewidywania dotyczące areny na podstawie recenzji poza. Te przewidywania pomagają mu lepiej przetwarzać informacje sensoryczne. Zjawisko to nazywa się kodowaniem predykcyjnym i pozwala mózgowi generować szybkie odpowiedzi na świat bez konieczności przetwarzania każdego małego fragmentu rekordów w czasie rzeczywistym.

Na przykład, gdy widzimy obiekt zbliżający się do nas, mózg wykorzystuje poprzednie informacje, aby przewidzieć trajektorię obiektu i zmodyfikować nasze reakcje. Ten proces predykcyjny nie zawsze ogranicza się do prostych odruchów, ale rozciąga się na skomplikowane zdolności poznawcze, w tym rozumienie języka i interakcje społeczne.

Jedną z najbardziej niesamowitych cech mózgu jest jego potencjał łączenia informacji ze specjalnych modalności sensorycznych w jednolitą percepcję areny. Ta wielozmysłowa integracja pozwala nam tworzyć spójną wersję mentalną rzeczywistości, pomimo faktu, że informacje, które otrzymujemy z różnych zmysłów, są przetwarzane w oddzielnych obszarach umysłu.

Na przykład, gdy oglądamy kogoś mówiącego, systematyzujemy widoczne statystyki (w tym ruchy ust) w korze wzrokowej i fakty słuchowe (takie jak dźwięki) w korze słuchowej. Następnie mózg integruje te zasoby zapisów, aby wygenerować percepcję mowy, która łączy zarówno komponenty wizualne, jak i słuchowe. Ta integracja nie zawsze jest idealna i od czasu do czasu umysł opiera się bardziej na jednym doświadczeniu niż na jakimkolwiek innym, na przykład gdy mimo wszystko możemy zrozumieć wymianę werbalną w głośnym otoczeniu, polegając bardziej na widocznych wskazówkach.

Co ciekawe, umysł może również integrować informacje z wyłącznych modalności sensorycznych, nawet gdy istnieje między nimi rozbieżność. Jest to oczywiste w sytuacjach, w których występują iluzje lub błędne postrzeganie. Na przykład efekt McGurka to zjawisko, w którym sprzeczne bodźce wizualne i słuchowe (w tym wideo, na którym ktoś wypowiada jedną frazę, podczas gdy dźwięk mówi inną) powodują percepcyjny fantazmat, w którym słuchacz słyszy coś całkowicie odmiennego od tego, co jest naprawdę powiedziane. Wskazuje to, w jaki sposób mózg może być stymulowany poprzez mieszanie zapisów multisensorycznych i w jaki sposób zewnętrzna międzynarodowa jest formowana poprzez tę procedurę.

Podczas gdy informacje sensoryczne dostarczają inspiracji dla naszej wiedzy o zewnętrznym globalnym , to poznawcze procedury umysłu udoskonalają i organizują te informacje w spójne historie. Taktyki poznawcze, w tym zainteresowanie, pamięć i rozumowanie, dotyczą tego, jak interpretujemy i przypisujemy znaczenie otrzymywanym danym sensorycznym. Podejścia te dodatkowo pomagają umysłowi filtrować i priorytetyzować fakty, pozwalając nam uświadomić sobie, co jest najbardziej istotne dla naszego bezpośredniego doświadczenia.

Na przykład, zainteresowanie odgrywa kluczową rolę w ustalaniu, jakie fakty są dostarczane do świadomej świadomości. Umysł jest bombardowany niesamowitą ilością statystyk sensorycznych, ale uwaga pozwala nam na świadomość pewnych czynników otoczenia, jednocześnie filtrując nieodpowiednie bodźce. Jest to zilustrowane za pomocą wpływu koktajlu urodzinowego, w którym rozpoznajemy jedną rozmowę w hałaśliwym pomieszczeniu, bez względu na obecność innych konkurujących dźwięków.

Pamięć odgrywa również kluczową rolę w naszym tworzeniu faktów, ponieważ mózg stale aktualizuje i udoskonala swoją wersję sektora na podstawie nowych raportów.

Rozumowanie i rozwiązywanie problemów dodatkowo przyczyniają się do tego, jak postrzegamy sektor. Umysł stale analizuje i ocenia napływające statystyki, formułując przewidywania dotyczące zdarzeń losowych i formułując odpowiedzi. Te procedury poznawcze są ważne dla dostosowania się do dynamicznego świata i dokonywania wyborów przede wszystkim w oparciu o naszą wiedzę o recenzjach.

danych przez umysł skutkuje świadomością — subiektywnym rozkoszowaniem się byciem świadomym siebie i otaczającej nas areny. Świadomość to skomplikowane zjawisko, które powstaje w wyniku aktywności mózgu, w szczególności w obrębie obszarów kory mózgowej o lepszym porządku. Umysł integruje fakty z wyjątkowych modalności sensorycznych, stanów emocjonalnych i strategii poznawczych, aby zapewnić jednolity obieg uwagi.

Pomimo wielkich badań, dokładna natura poznania pozostaje jedną z najgłębszych tajemnic w nauce. Podczas gdy mamy modne zrozumienie mechanizmów neuronowych zaangażowanych w pojęcie i poznanie, pytanie o sposoby, w

Fevzi H.

jakie mózg generuje subiektywne doznania, pozostaje w dużej mierze bez odpowiedzi. Ta zagadka doprowadziła do powstania kilku teorii, od idei, że uwaga powstaje z unikalnych obwodów neuronowych, po możliwość, że może być fundamentalnym aspektem wszechświata, podobnym do przestrzeni i czasu.

Umysł pełni cenną funkcję w kształtowaniu naszego doświadczenia rzeczywistości. Poprzez swoją zdolność do techniki i łączenia statystyk ze świata zewnętrznego, mózg konstruuje model areny, którą postrzegamy jako rzeczywistą. Jednak ten system nie jest prostym odbiciem lustrzanym obiektywnej rzeczywistości. Interpretacja faktów sensorycznych przez mózg jest inspirowana przez stosowanie procedur poznawczych, wcześniejszych badań i oczekiwań, co prowadzi do subiektywnego i dynamicznego tworzenia faktów.

Nasza wiara w świat nie zawsze jest biernym odbiorem bodźców zewnętrznych, ale żywym procesem, w którym mózg stale aktualizuje swój model świata, przede wszystkim w oparciu o nowe informacje. Ta technika podkreśla złożoną i powiązaną naturę relacji między zewnętrznym światem , mózgiem i świadomością. Zrozumienie tego zalotnictwa jest najważniejsze dla rozwikłania tajemnic wiary, poznania i natury samej prawdy.

1.3 Iluzje sensoryczne: Czy mózg przedstawia nam prawdę?

Nasze struktury sensoryczne, na które składają się wzrok, słuch, kontakt, smak i węch, są najważniejszym sposobem, w jaki wchodzimy w interakcję ze światem wokół nas i go postrzegamy. Te zmysły pozwalają nam rozumieć bodźce zewnętrzne, oferując nieprzetworzone zapisy, których mózg używa do składania spójnej wersji faktu. Jednak wiara sensoryczna nie jest zazwyczaj dokładnym odzwierciedleniem obiektywnego faktu. W rzeczywistości nasze mózgi regularnie tworzą iluzje — zniekształcone postrzeganie sektora — które przekazują nam informacje o tym, co jest rzeczywiste.

Złudzenia sensoryczne występują, gdy umysł błędnie interpretuje fakty dostarczane przez nasze zmysły, co prowadzi do percepcji, która nie odpowiada rzeczywistym domom zewnętrznej międzynarodowej. Złudzenia te nie są z pewnością błędami ani defektami systemowymi w strukturach sensorycznych; zamiast tego, rzucają światło na złożone podejścia zaangażowane w percepcję i sposób, w jaki umysł aktywnie konstruuje naszą przyjemność z rzeczywistości. Złudzenia monitorują, że nasze struktury sensoryczne nie przekazują biernie surowych statystyk do umysłu, ale zamiast tego aktywnie przekazują i interpretują te statystyki, często w oparciu o wcześniejsze badania, oczekiwania i statystyki kontekstowe.

Na przykład iluzje wzrokowe, wraz ze znaną iluzją Müllera-Lyera, pokazują, jak nasz umysł może zostać oszukany, by postrzegać napięcia jako różnej długości, pomimo faktu, że są identyczne. Mózg używa wskazówek kontekstowych, w tym przebiegu strzałek na końcach linii, aby wnioskować o intensywności i kącie, jednak prowadzi to do zniekształconego postrzegania rozmiaru. Podobnie iluzja „ubrania", w której ludzie widzą ubranie zarówno białe, jak i złote lub niebieskie i czarne, w zależności od ich pojęcia, podkreśla, jak mózgi różnych ludzi mogą interpretować te same zapisy sensoryczne w masowo unikalny sposób.

Zjawisko iluzji słuchowych wykazuje również tendencję mózgu do tworzenia założeń dotyczących areny. „Ton pasterski" to słuchowy fantazmat, który tworzy przekonanie o bezkresnym wznoszącym się tonie, nawet jeśli sam dźwięk jest zapętlony i nie wzrasta w rzeczywistości. Ten fantazmat występuje, ponieważ umysł dekoduje zmiany częstotliwości w sposób, który pokazuje ciągły ruch w górę, nawet jeśli nie następuje żadna rzeczywista zmiana tonu.

Nasze systemy sensoryczne nie są idealnymi detektorami świata; są one zamiast tego precyzyjnie dostrojone do statystyk systemowych w sposób, który ułatwia nam nawigację w naszym otoczeniu i życie. Umysł aktywnie konstruuje nasze rozkoszowanie się areną w oparciu o całkowicie sensoryczne wejście, wcześniejszą wiedzę i przewidywania. Metoda ta sprawia, że nasze postrzeganie faktów nie jest konkretnym duplikatem zewnętrznego międzynarodowego, ale dynamicznym i regularnie niekompletnym modelem generowanym przez umysł.

Umysł używa licznych mechanizmów do interpretowania faktów sensorycznych, z których jeden to przetwarzanie odgórne. Odnosi się to do wykorzystania przez umysł wcześniejszej wiedzy, oczekiwań i kontekstu do interpretowania informacji sensorycznych. Na przykład, gdy widzimy częściowo zaciemniony przedmiot, nasz umysł wykorzystuje wcześniejsze doświadczenie, aby wypełnić luki i stworzyć cały obraz przedmiotu. Ta technika jest zazwyczaj korzystna, ale może również prowadzić do błędów lub złudzeń, gdy oczekiwania umysłu walczą z rzeczywistym wejściem sensorycznym. Na przykład w przypadku fantazmatu Müllera-Lyera założenia mózgu dotyczące intensywności i kąta skutkują zniekształconym pojęciem długości linii.

Oprócz przetwarzania od dołu do góry mózg dodatkowo polega na przetwarzaniu od tyłu do góry, w którym statystyki sensoryczne są analizowane na podstawowym poziomie przed włączeniem ich do bardziej złożonego przekonania. Jest to technika, za pomocą której umysł otrzymuje surowe fakty ze zmysłów (takie jak kolory i kształty w pojęciu wizualnym) i składa je w znaczącą reprezentację sektora. Podczas gdy przetwarzanie od dołu do góry zapewnia muzę dla przekonania, to raczej przetwarzanie od góry do dołu umysłu często kształtuje ostateczne doświadczenie.

Przykłady iluzji sensorycznych

1. Iluzje wzrokowe: Iluzje wzrokowe są jednymi z najbardziej znanych przykładów sposobu, w jaki nasz umysł może nas dezinformować. Jedną z najbardziej znanych iluzji wzrokowych jest iluzja Müllera-Lyera, w której dwa odcinki o tej samej długości wydają się być wyjątkowymi długościami ze względu na przebieg strzałek na ich końcach. Iluzja ta ma miejsce, ponieważ nasz mózg interpretuje odcinki w kontekście głębi i kąta, co prowadzi do zniekształconego poczucia rozmiaru. Innym przykładem jest trójkąt Kanizsy, w którym trzy figury przypominające Pac-Mana ułożone w określony sposób tworzą iluzję trójkąta w środku, niezależnie od tego, że nie ma faktycznego trójkąta. Tego rodzaju iluzje podkreślają zależność mózgu od kontekstu, wcześniejszych przeglądów i oczekiwań w budowaniu percepcji wzrokowej.

2. Iluzje słuchowe: Iluzje słuchowe dodatkowo pokazują aktywną funkcję mózgu w rozwijaniu naszego doświadczenia dźwięku. Ton pasterski to iluzja słuchowa, w której seria nakładających się tonów daje wrażenie nieskończenie rosnącej wysokości dźwięku, mimo że rzeczywista wysokość dźwięku nie zmienia się. Inną znaną iluzją słuchową jest efekt McGurka, w którym niedopasowane bodźce wzrokowe i słuchowe powodują percepcję, która nie jest zgodna z żadnym bodźcem.

Na przykład, podczas gdy wideo kogoś wypowiadającego jedną sylabę (np . „ba") jest sparowane z dźwiękiem specjalnej sylaby (np. „ga"), odwiedzający mogą dodatkowo postrzegać całkowicie inną sylabę (np. „da"), pokazując, w jaki sposób umysł integruje fakty wizualne i słuchowe w złożonych metodach.

3. Iluzje dotykowe: Iluzje dotykowe powstają, gdy nasze doświadczenie kontaktu jest wprowadzane w błąd przez czynniki zewnętrzne. Jednym z przykładów jest skórny fantazmat królika, w którym łańcuch kranów na porach i skórze w określonym wzorze tworzy wrażenie „królika" podskakującego po skórze, pomimo faktu, że nie ma żadnego rzeczywistego ruchu. Ta iluzja pokazuje, jak mózg tłumaczy bodźce sensoryczne z różnych miejsc na porach i skórze i może tworzyć percepcje ruchu, gdy nie są już one naprawdę obecne.

4. Iluzje smaku i zapachu: Smak i zapach są również podatne na iluzje. Smak słodyczy może być stymulowany poprzez zabarwienie jedzenia lub napoju, a badania pokazują, że ludzie są bardziej skłonni postrzegać napój jako słodszy, jeśli jest on w kolorze czerwonym lub fioletowym, nawet jeśli nie zawiera żadnego wprowadzonego cukru. Podobnie zapach posiłków może być zmieniony przez kontekst, w którym jest spożywany. Na przykład posiłek może pachnieć bardziej atrakcyjnie, jeśli jest podawany w przyjemnym otoczeniu lub w towarzystwie pewnych smaków.

Fevzi H.

Jednym z głównych motywów iluzji sensorycznych jest poleganie umysłu na przewidywaniu i oczekiwaniu. Mózg nieustannie przewiduje, co wydarzy się dalej, na podstawie przeszłych historii i zrozumienia. Te przewidywania kształtują nasze przekonania o świecie i pozwalają nam podejmować krótkie decyzje. Jednak chociaż te przewidywania są nieprawidłowe, ich wynikiem może być iluzja sensoryczna.

Na przykład, jeśli jesteśmy w ciemnym pokoju i zwracamy uwagę na dźwięk, który interpretujemy jako skrzypienie, nasz umysł prawdopodobnie spodziewa się, że to ktoś porusza się w pobliżu. Jeśli wydaje się, że dźwięk zmienił się wyraźnie w wiatr, nasz mózg błędnie zinterpretował bodziec sensoryczny na podstawie swoich oczekiwań. Podobnie w warunkach niepewności, w tym, gdy mamy do czynienia z niejednoznacznymi zapisami wizualnymi, mózg może „wypełnić luki" głównie na podstawie doświadczeń pozaziemskich lub wskazówek kontekstowych, co prowadzi do zniekształconego lub iluzorycznego przekonania.

Zjawisko percepcyjnego wypełniania podobnie ilustruje ten predykcyjny sposób. Kiedy obserwujemy scenę, skupiamy się na jednym elemencie otoczenia, składającym się z twarzy osoby lub konkretnego przedmiotu. Jednak umysł wypełnia brakujące szczegóły otaczającego obszaru w oparciu o poprzednie informacje i oczekiwania, co może czasami prowadzić do nieścisłości w naszym pojęciu całej sceny.

Umysł i Symulacja

Chociaż nasze struktury sensoryczne są zadziwiająco dokładne w wielu warunkach, nie są nieomylne. Obecność złudzeń sensorycznych wskazuje, że nasze postrzeganie sektora nie jest stale bezpośrednim odbiciem obiektywnych faktów. Zamiast tego są kształtowane przez mechanizmy przetwarzania umysłu, które priorytetowo traktują wydajność, przetrwanie i erę tego środka. Złudzenia sensoryczne przypominają nam, że to, co rozumiemy jako rzeczywiste, może być zniekształconą lub niekompletną reprezentacją areny.

Co więcej, dokładność sensoryczna nie zawsze jest taka sama u wszystkich osób. Osoby o różnej wrażliwości sensorycznej, schorzeniach neurologicznych lub zdolnościach poznawczych mogą doświadczać iluzji w różny sposób. Na przykład, kilka osób z synestezją może również rozumieć dźwięki jako kolory lub smaki partnera o określonych kształtach, co prowadzi do szczególnych i prywatnych doświadczeń rzeczywistości. Te wersje w przetwarzaniu sensorycznym podkreślają subiektywną naturę przekonań i funkcję umysłu w konstruowaniu indywidualnych historii areny.

Iluzje sensoryczne oferują fascynujący wgląd w to, jak mózg konstruuje nasze przekonanie o fakcie. Monitorują one, że nasze zmysły nie po prostu biernie pozyskują zapisy, ale aktywnie je interpretują i systematyzują, często w sposób, który skutkuje zniekształconymi lub niekompletnymi reprezentacjami zewnętrznej przestrzeni. Poleganie mózgu na przewidywaniu, kontekście i wcześniejszej wiedzy odgrywa znaczącą rolę w kształtowaniu naszego odbioru sektora, a gdy te podejścia zawodzą, pojawiają się iluzje sensoryczne.

Chociaż nasze systemy sensoryczne są fantastycznie wydajne w pomaganiu nam poruszać się po arenie, nie są już doskonałe. Iluzje, które wytwarzają, podkreślają skomplikowaną i dynamiczną naturę percepcji, a także sposoby, w jakie mózg aktywnie konstruuje prawdę, w której się rozkoszujemy. Zrozumienie mechanizmów leżących u podstaw iluzji sensorycznych daje cenne spostrzeżenia na temat charakteru percepcji i granic naszej zdolności do postrzegania obiektywnych faktów. Ostatecznie nasze recenzje sensoryczne przypominają nam, że mózg nie zawsze jest całkowicie biernym odbiorcą zewnętrznych bodźców, ale aktywnym graczem w tworzeniu faktów, których doświadczamy.

1.4 Sny, halucynacje i alternatywne rzeczywistości

Natura rzeczywistości, tak jak ją postrzegamy za pomocą zmysłów, nie ogranicza się wyłącznie do jawy globalnej . Nasze umysły są zdolne do generowania całych światów przyjemności, nawet w nieobecności bodźców zewnętrznych. Te wymienialne stany rozpoznania — czy to poprzez sny, halucynacje, czy inne style zmienionych faktów — monitorują głębokie spostrzeżenia na temat tego, jak umysł konstruuje i tłumaczy sektor wokół nas.

Sny są jednym z najbardziej zagadkowych czynników ludzkiej uwagi. Pomimo stuleci kulturowych i umysłowych badań, naukowcy nadal mają najlepszą, częściową wiedzę na temat tego, dlaczego śnimy i jak powstają te doniesienia. Sny pojawiają się w trakcie snu REM (szybki ruch gałek ocznych), który charakteryzuje się zwiększonym zainteresowaniem umysłu, szybkimi ruchami gałek ocznych oraz żywymi doniesieniami wizualnymi i sensorycznymi.

Podczas snu REM mózg jest dość żywy, często przetwarzając uczucia, wspomnienia i nierozwiązane konflikty. Niektóre teorie zalecają, że sny mogą dodatkowo służyć jako forma przetwarzania poznawczego, pomagając mózgowi konsolidować wspomnienia, nadawać sens emocjonalnym przeglądom lub rozwiązywać problemy nierozwiązane z jawy. Inna teoria zakłada, że pragnienia są w rzeczywistości sposobem mózgu na sortowanie losowych rozrywek neuronowych, które następnie są przekazywane w postaci środków za pośrednictwem struktur interpretacyjnych mózgu.

Sny są często niezwykle subiektywne, z obrazami, tematami i narracjami, które mogą być pod wpływem prywatnych raportów, lęków, celów i podświadomych myśli. Jednak kilka celów, w tym rutynowe cele, jasne cele i koszmary, sugerują głębsze psychologiczne lub fizjologiczne powiązania z naszym życiem na jawie. Na przykład, świadome śnienie ma miejsce, gdy śniący staje się wtajemniczony w prawdę, że śni i może faktycznie mieć zdolność do manipulowania wydarzeniami we śnie. Ten typ snu wymaga sytuacji naszej wiedzy o świadomości i granicach między światem jawy a światem snów.

Treść snów może się wahać od przyziemnych historii do surrealistycznych lub fantastycznych sytuacji. Ludzie często zgłaszają odczuwanie skrajnych emocji w snach, od radości do przerażenia, pomimo faktu, że rozumieją, że te doniesienia nie są prawdziwe. Te reakcje emocjonalne podkreślają zdolność umysłu do tworzenia żywej i wciągającej rozrywki, pomimo faktu, że same wydarzenia nie dzieją się w świecie fizycznym. Sny mogą być głęboko symboliczne, a konkretne zdjęcia lub tematy niosą ze sobą szczególne znaczenia związane z psychiką śniącego. Na przykład cele latania, spadania lub bycia ściganym nie są niezwykłymi tematami, w których rozkoszuje się wielu ludzi, regularnie odzwierciedlając nieświadome lęki lub sny.

Podczas gdy cele pojawiają się w trakcie snu, halucynacje są badaniami percepcyjnymi, które pojawiają się w stanie czuwania, regularnie w nieobecności bodźców zewnętrznych. Halucynacje mogą oddziaływać na każdy z pięciu zmysłów, od widzenia rzeczy, których nie ma (halucynacje widzialne) do słyszenia nieistniejących dźwięków (halucynacje słuchowe). W przeciwieństwie do celów, które są zazwyczaj rozumiane jako forma wewnętrznego przetwarzania intelektualnego, halucynacje stanowią zakłócenie w normalnym funkcjonowaniu przetwarzania sensorycznego.

Halucynacje mogą być wynikiem wielu czynników, od stanów psychicznych, takich jak schizofrenia, po zaburzenia neurologiczne, zażywanie narkotyków, deprywację sensoryczną, a nawet deprywację snu. Na przykład ludzie ze schizofrenią mogą dodatkowo rozkoszować się halucynacjami słuchowymi, słuchając głosów, których inni już nie słyszą, co może być niepokojące i zagadkowe. Podobnie osoby dotknięte delirium lub uszkodzeniem umysłu mogą również cieszyć się widocznymi halucynacjami, wraz z widzeniem przedmiotów lub osób, które nie są obecne.

W niektórych przypadkach halucynacje mogą być wywoływane celowo, w tym poprzez stosowanie pewnych substancji psychodelicznych. Te tabletki, składające się z LSD, psylocybiny (magicznych grzybów) i DMT, mogą regulować regularne ścieżki przetwarzania sensorycznego mózgu, co prowadzi do głębokich zniekształceń w wierzeniach. Osoby pod wpływem tych substancji mogą również doświadczać jasnych i często surrealistycznych wizji, w tym widzenia geometrycznych kształtów, spotkania mitycznych stworzeń lub doświadczania uczucia łączenia się ze wszechświatem.

Mechanizmy stojące za halucynacjami są złożone, dotyczą zmian w chemii umysłu i obwodach neuronowych.

Niektórzy badacze wierzą, że halucynacje powstają z tendencji umysłu do generowania oczekiwań opartych całkowicie na przeszłych doświadczeniach, a następnie „wypełniania" luk sensorycznych, gdy bodźce zewnętrzne są niewystarczające. W przypadku halucynacji wzrokowych umysł może generować obrazy lub sytuacje oparte całkowicie na wcześniejszych doświadczeniach lub stanach emocjonalnych, nawet jeśli nie ma żadnego rzeczywistego widocznego wejścia. Zjawisko to sugeruje, że percepcja nie jest bierną procedurą, ale aktywną konstrukcją umysłu, w której mózg opiera się na wewnętrznych procesach, aby wyczuć przestrzeń.

Doświadczenia pragnień i halucynacji przypisują wiarę w nową, obiektywną prawdę. Oba te odmienne stany rozpoznania opowiadają się za tym, że prawda nie jest tym, co jest postrzegane przez zmysły, ale raczej złożonym i dynamicznym zespołem stworzonym przez umysł. W przypadku pragnień mózg konstruuje całe światy w oparciu o wspomnienia, uczucia i wyobraźnię, podczas gdy w przypadku halucynacji mózg tworzy badania sensoryczne w nieobecności bodźców zewnętrznych.

To zwiększa pytanie: jeśli mózg jest w stanie generować całe światy przekonań bez żadnego zewnętrznego wkładu, co to mówi o naturze samego faktu? Jeśli umysł może tworzyć jasne raporty sektora w oparciu o wewnętrzne procedury, czy nasze postrzeganie świata zewnętrznego jest bardziej

„prawdziwe" niż światy, którymi cieszymy się w pragnieniach lub halucynacjach?

Filozofowie od dawna debatują nad naturą faktów i przekonań. Niektórzy twierdzą, że każda z naszych historii jest subiektywna i że nie jesteśmy w stanie po prostu poznać obiektywnego świata poza naszymi zmysłami. Pomysł, że rzeczywistość jest budowana przez umysł, a nie bez wątpienia nabywana biernie, sugeruje, że nasze postrzeganie może być bardziej elastyczne i podatne na zmiany, niż nam się wydaje. W tym sensie sny i halucynacje nie są po prostu anomaliami lub odstępstwami od powszechnego pojęcia; są integralną częścią ludzkiego doświadczenia i oferują cenne spostrzeżenia na temat zdolności umysłu do konstruowania alternatywnych rzeczywistości.

Jednym z fascynujących czynników w przypadku snów i halucynacji jest ich zdolność do zacierania granic między tym, co „rzeczywiste", a tym, co „wyobrażone". W każdym przypadku doświadczenia są zauważalnie błyszczące i wciągające, często pozostawiając jednostki w niepewności, czy na pewno doświadczają rzeczywistości, czy czegoś zupełnie innego. Na przykład osoby, które rozkoszują się świadomymi pragnieniami, są bardzo świadome tego, że śnią, jednak w trakcie snu czują się tak, jakby znajdowały się w bardzo rzeczywistym i namacalnym świecie. Podobnie osoby doświadczające halucynacji mogą również wchodzić w interakcje z halucynowanymi gadżetami lub istotami ludzkimi, jakby były prawdziwe, chociaż nie mają żadnego fizycznego życia.

To rozmycie przeszkód ma implikacje dla naszej biegłości w zakresie poznania i umysłu. Jeśli mózg jest w stanie tworzyć badania, które wydają się tak rzeczywiste, jak te spotykane w świecie fizycznym, kwestionuje przekonanie, że percepcja jest bezpośrednim odbiciem obiektywnej rzeczywistości. Zamiast tego wskazuje, że rzeczywistość jest w elemencie produktem wewnętrznych strategii myśli, na które wpływają wspomnienia, emocje i oczekiwania. Pogląd ten jest zgodny z teoriami w filozofii i neuronauce, które głoszą, że prawda nie jest stałym i docelowym elementem, ale stale zmieniającym się i subiektywnym doświadczeniem kształtowanym przez mózg.

Sny, halucynacje i alternatywne rzeczywistości monitorują płynność ludzkiej percepcji i zadają naszym informacjom, co jest rzeczywiste. Zarówno pragnienia, jak i halucynacje pokazują, że umysł nie jest biernym odbiorcą informacji sensorycznych, ale energicznym graczem w konstruowaniu sektora, w którym się rozkoszujemy. Podczas gdy pragnienia pojawiają się podczas snu, tworząc jasne i regularnie symboliczne sytuacje, halucynacje pojawiają się w królestwie czuwania, zakłócając zwykłe przetwarzanie sensoryczne i prowadząc do zniekształconych lub całkowicie sfabrykowanych recenzji.

Te odmienne stany świadomości wzmacniają głębokie pytania o naturę rzeczywistości i wiary. Jeśli umysł jest w stanie rozwijać całe światy rozkoszy, co to mówi o naszym postrzeganiu świata zewnętrznego? Czy nasze przebudzone recenzje są bardziej „rzeczywiste" niż te, które napotykamy w celach lub halucynacjach? Ostatecznie spojrzenie na pragnienia, halucynacje i realia okazji daje cenne spostrzeżenia na temat skomplikowanych strategii percepcji mózgu i podkreśla podatność ludzkiego skupienia.

1.5 Neurobiologia percepcji: jak rzeczywistość jest kodowana w naszym mózgu

Percepcja to proces, poprzez który interpretujemy i odczuwamy świat wokół nas, kształtując naszą wiedzę o rzeczywistości. Nie jest to jedynie lustrzane odbicie zewnętrznego świata , ale skomplikowana metoda poznawcza, która jest konstruowana za pomocą mózgu. Nasze zmysły zbierają statystyki z otoczenia, jednak to umysł organizuje i interpretuje te informacje, tworząc naszą subiektywną przyjemność z faktów.

Ludzki umysł jest przygotowany za pomocą wyjątkowo wyspecjalizowanych struktur, które pozwalają mu postrzegać, zachowywać się i interpretować statystyki sensoryczne. Nasze

Fevzi H.

narządy zmysłów — oczy, uszy, skóra, nos i język — są główną linią werbalnej wymiany ze światem. Odbierają bodźce ze środowiska i zamieniają je na sygnały elektryczne, które mogą być przekazywane do mózgu. Mózg nie przejmuje jednak biernie tych wskaźników; zamiast tego aktywnie interpretuje i konstruuje nasze postrzeganie prawdy.

W sercu percepcji leży potencjał umysłu do nadawania sensu przychodzącym zapisom sensorycznym za pomocą integrowania statystyk ze specjalnych zmysłów i porównywania ich z istniejącymi informacjami. Ta metoda nie zawsze jest szczerym odbiciem zewnętrznej globalności ; umysł nieustannie formułuje przewidywania i zmiany w oparciu o całkowicie poza doświadczeniami i czynnikami kontekstowymi. W istocie wiara jest optymistycznym procesem, w którym umysł wypełnia luki w statystykach sensorycznych i dostosowuje swoją wiedzę, aby nadać sens niejednoznacznym lub niekompletnym informacjom.

Struktury percepcyjne umysłu ściśle opierają się na sieciach neuronowych i obwodach, które obejmują więcej niż jeden obszar umysłu. Na przykład, widoczna kora mózgowa numer jeden zbliża się do widocznych faktów, podczas gdy kora słuchowa zbliża się do dźwięku. Jednak obszary umysłu o lepszym porządku, takie jak kora przedczołowa, są odpowiedzialne za integrację tych informacji sensorycznych z pamięcią, zainteresowaniem i zdolnościami poznawczymi. To właśnie tutaj zaczyna nabierać kształtu nasza subiektywna przyjemność z prawdy, ponieważ umysł tłumaczy dane sensoryczne w kontekście naszych uczuć, wcześniejszych studiów i oczekiwań.

Przetwarzanie danych sensorycznych przez umysł rozpoczyna się w momencie otrzymania alertów z narządów zmysłów. Ta technika odbywa się na poziomach, przy czym każdy poziom dodaje warstwy złożoności do przetwarzanych informacji. Na przykład, gdy widzimy obiekt, światło wpada do oka i jest skupiane na siatkówce, gdzie jest przekształcane na wskaźniki elektryczne przez komórki fotoreceptorowe. Sygnały te są następnie wysyłane do widocznej kory mózgowej z tyłu mózgu, gdzie są podobnie przetwarzane w celu identyfikacji kształtów, kolorów i ruchu.

Ale widzenie nie zawsze polega tylko na wykrywaniu światła i cienia; pociąga za sobą przetwarzanie na wyższym poziomie, które ułatwia nam rozpoznanie tego, co widzimy. Umysł bierze pod uwagę kontekst, wcześniejszą wiedzę, a nawet oczekiwania dotyczące tego, co powinniśmy widzieć. Dlatego nasze pojęcie areny jest często pod wpływem tego, co już sobie uświadamiamy lub zakładamy, że napotkamy. Na przykład, jeśli znajdujemy się w znanym otoczeniu, mózg używa tego kontekstu, aby przewidywać, jakie przedmioty mogą się pojawić i jak powinny wyglądać, co może czasami skutkować błędnymi percepcjami lub złudzeniami, gdy sprawy odbiegają od przewidywań.

Podobnie, gadżet słuchowy działa poprzez wykrywanie fal dźwiękowych, które wchodzą do ucha, które następnie mogą zostać przekształcone w wskaźniki elektryczne, które umysł strateguje. Kora słuchowa tłumaczy te alerty, pozwalając nam rozumieć dźwięki i doświadczać mowy. Mózg integruje również informacje słuchowe z informacjami wizualnymi i dotykowymi, pomagając nam rozpoznać kontekst dźwięków, których słuchamy. Na przykład, gdy słyszymy, jak ktoś mówi „me", nasz umysł nie tylko przetwarza dźwięk słów, ale także interpretuje ton emocjonalny i kontekst wymiany werbalnej na podstawie widocznych wskazówek, takich jak mimika twarzy i język ramowy.

Integracja statystyk sensorycznych jest istotnym elementem wiary. Umysł stale łączy dane wejściowe z wyjątkowych zmysłów, w tym wzroku, słuchu i kontaktu, aby stworzyć ujednoliconą i spójną koncepcję areny. Ta wielozmysłowa integracja pozwala nam sprawnie poruszać się po naszym otoczeniu, od dostrzegania twarzy po rozszyfrowywanie rozmieszczenia przedmiotów w obszarze. Jednak ta integracja może również prowadzić do konfliktów sensorycznych, które mają wpływ na naszą wiarę, w tym podczas gdy zapisy wizualne i słuchowe nie pasują, co prowadzi do recenzji takich jak efekt McGurka, w którym postrzegamy unikalny dźwięk na podstawie tego, co widzimy.

Podczas gdy przetwarzanie sensoryczne jest muzą pojęcia, to mechanizmy uwagi mózgu i cechy poznawcze kształtują i udoskonalają naszą przyjemność. Uwaga odgrywa centralną rolę w ustalaniu, które zapisy sensoryczne są priorytetyzowane i przetwarzane w elemencie, a które statystyki pozostają niezauważone. Ta selektywna uwaga pozwala nam na rozpoznanie istotnych bodźców w naszym otoczeniu, jednocześnie filtrując nieistotne lub rozpraszające fakty.

Uwaga jest dynamiczną i elastyczną techniką, pozwalającą nam zmieniać świadomość w zależności od wymagań scenariusza. Na przykład, gdy korzystamy, nasze zainteresowanie jest zazwyczaj skupione na drodze i otaczającym ruchu ulicznym, filtrując różne mniej przydatne bodźce sensoryczne, takie jak komunikaty wewnątrz pojazdu. Ta zdolność do selektywnego zwracania uwagi na pozytywne bodźce jest regulowana przez sieci uwagi umysłu, które obejmują obszary wraz z korą ciemieniową i płatem czołowym.

Jednak zainteresowanie nie zawsze jest idealnie poprawne. Uprzedzenia poznawcze mózgu, wywołane emocjami, wcześniejszymi badaniami i oczekiwaniami, mogą zniekształcać przekonania. Na przykład osoba, która boi się szczeniąt, może być nadmiernie czujna na każdy znak psa w swoim otoczeniu, nawet myląc cień lub kształt z prawdziwym psem. To stronnicze nastawienie uwagi kończy się podwyższonym przekonaniem o ryzyku, nawet jeśli nie ma żadnego zagrożenia na miejscu. W ten sposób nasze uczucia i techniki poznawcze mogą kształtować sposób, w jaki rozumiemy świat, czasami prowadząc do zniekształceń lub błędnych interpretacji.

Ponadto przetwarzanie odgórne, w którym umysł stosuje wcześniejsze doświadczenie i oczekiwania do interpretowania bodźców sensorycznych, może również wpływać na pojęcie. Gdy otrzymujemy niejednoznaczne lub niekompletne statystyki, mózg używa kontekstu i cieszy się, aby wypełnić luki i nadać sens temu, co widzimy lub słyszymy. Na przykład podczas czytania zdania z brakującymi literami lub frazami jesteśmy w stanie regularnie uzupełniać luki w oparciu o nasze informacje o języku i kontekście, co pozwala nam zrozumieć znaczenie pomimo nieukończonych statystyk. Jednak to poleganie na wcześniejszej wiedzy może również powodować złudzenia lub błędne postrzeganie, w tym widzenie twarzy w nieożywionych obiektach lub słyszenie głosów w przypadkowym szumie.

Pomimo niezwykłej zdolności umysłu do tworzenia dokładnych ilustracji areny, jest on podatny na błędy. Iluzje percepcyjne występują, gdy mózg błędnie interpretuje informacje sensoryczne, tworząc zniekształcone lub nieprawidłowe pojęcie faktu. Iluzje te pokazują złożoność sposobu, w jaki mózg taktykę sensoryczną wprowadza i liczne czynniki, które mają wpływ na wiarę.

Iluzje wzrokowe, składające się z fantazmatu Müllera-Lyera (gdzie dwie linie tej samej długości wydają się być konkretne), rzucają światło na to, jak mózg wykorzystuje wskazówki kontekstowe do interpretowania długości i odległości. W tej sytuacji mózg opiera się na wcześniejszych informacjach dotyczących tego, jak linie ogólnie zachowują się w świecie, co prowadzi go do zrozumienia jednej linii jako dłuższej od drugiej, mimo że mają taką samą długość. Podobnie iluzje słuchowe, takie jak ton Sheparda (który tworzy iluzję stale rosnącej wysokości dźwięku), ujawniają, w jaki sposób mózg podchodzi do dźwięku w sposób, który może prowadzić do błędów percepcyjnych.

Iluzje percepcyjne to nie tylko ciekawostki; dostarczają cennych spostrzeżeń na temat mechanizmów umysłu leżących u podstaw pojęć. Analizując te iluzje, neurobiolodzy mogą lepiej analizować, w jaki sposób umysł przetwarza zapisy sensoryczne, formułuje przewidywania i konstruuje nasze subiektywne rozkoszowanie się faktami. Iluzje monitorują złożone współzależności między bodźcami sensorycznymi, zainteresowaniem, pamięcią i procedurami poznawczymi, podkreślając, że interpretacja świata przez umysł nie jest nieustannie oddaną reprezentacją obiektywnej rzeczywistości.

Jednym z najbardziej czarujących składników percepcji jest jej plastyczność — zdolność umysłu do adaptacji i zmiany taktyk percepcyjnych przede wszystkim w oparciu o doświadczenie. Ta neuroplastyczność pozwala nam badać i adaptować się do nowych środowisk, a także dochodzić do siebie po urazach, które mają wpływ na przetwarzanie sensoryczne. Na przykład, gdy dana osoba traci wzrok, mózg kompensuje to poprzez poprawę zmysłów zamykających, w tym kontaktu i słuchania, aby pomóc w poruszaniu się po środowisku.

Podobnie, systemy percepcyjne mózgu są nieustannie kształtowane przez korzystanie z przyjemności. Ludzie, którzy mają interakcję w sportach wymagających zwiększonego rozpoznawania sensorycznego, w tym muzycy lub sportowcy, mogą rozwinąć wyspecjalizowane zdolności percepcyjne, które pozwalają im na bardziej skuteczne lub precyzyjne wyrażanie faktów. Ta adaptacyjność sugeruje, że pojęcie nie jest sztywną i szybką ani sztywną techniką, ale dynamiczną i elastyczną, która jest kształtowana przez ciągłą interakcję umysłu z sektorem.

Percepcja nie jest szczerze mówiąc pasywnym systemem odbioru danych sensorycznych ; jest to żywa i dynamiczna kreacja faktów, która obejmuje skomplikowane interakcje między wejściem sensorycznym, uwagą, pamięcią i poznaniem. Umysł nieustannie integruje dane z odrębnych struktur sensorycznych, formułuje przewidywania na podstawie badań wykraczających poza badania i dostosowuje swoje procesy na podstawie czynników kontekstowych i wymagań uwagi. Jednak ta procedura nie jest nieomylna, a mózg jest podatny na błędy w pojęciu, prowadzące do złudzeń i błędnych interpretacji świata.

Neurobiologia wiary dostarcza cennych spostrzeżeń na temat tego, jak mózg konstruuje nasze rozkoszowanie się prawdą i jak kształtuje nasze informacje o arenie. Podczas gdy zdolność umysłu do generowania spójnego i wciągającego korzystania z faktów jest doskonała, podkreśla ona również ograniczenia naszych przekonań i podatność ludzkiej uwagi. Analizując, w jaki sposób mózg przetwarza statystyki sensoryczne, możemy skorzystać z głębszej wiedzy na temat roli umysłu w kształtowaniu naszego doświadczenia areny i metod, w których rzeczywistość jest kodowana w naszych mózgach.

ROZDZIAŁ 2

Filozoficzne perspektywy teorii symulacji

2.1 Alegoria jaskini Platona: Czy świat, który widzimy, to tylko cień?

Alegoria jaskini Platona jest jednym z kamieni węgielnych zachodniej filozofii, wspierając nas w zrozumieniu różnicy między faktem a percepcją. Alegoria podkreśla, jak koncepcja „prawdy" jest konstruowana w inny sposób dla każdej jednostki i jak nasz sposób postrzegania świata jest prawdopodobnie znacznie ograniczony. Porównanie świata papierkowej roboty i cieni na ścianie jaskini przez Platona stanowi głęboką metaforę, która jest zgodna z nowoczesnymi interpretacjami koncepcji symulacji.

W Alegorii jaskini Platona ludzie są przedstawieni jako więźniowie uwięzieni w ciemnej jaskini, obserwujący cienie rzucane na ścianę. Ci więźniowie zostali przykuci łańcuchami w taki sposób, że mogli po prostu widzieć cienie przedmiotów za sobą. Te cienie są jedynie odbiciami rzeczywistego świata na zewnątrz jaskini. Więźniowie, nigdy nie widząc świata zewnętrznego, przyjmują te cienie za prawdę. Jeden z więźniów ostatecznie ucieka i widzi światło na zewnątrz jaskini. Na początku jasność go oślepia, jednak z biegiem lat zapoznaje się z prawdziwym światem i zna charakter prawdy. Wraca do jaskini, aby powiedzieć o tym innym, jednak oni sprzeciwiają się jego twierdzeniom i odrzucają koncepcję, że istnieje coś poza ich cieniami.

Ta alegoria służy jako głęboka metafora dla teorii symulacji dnia najnowszego, zastanawiając się, czy sektor, który rozumiemy, jest z pewnością rzeczywisty, czy też jest jedynie ilustracją. Podobnie jak więźniowie w jaskini, możemy być ograniczeni do ograniczonej informacji o fakcie, gdzie to, co lubimy, jest jedynie „cieniem" rzeczywistego świata. Pomysł, że sektor, w którym się znajdujemy, nie jest rzeczywistą prawdą, jest postrzeganiem zgodnym z hipotezą teorii symulacji, w której nasze postrzeganie jest jedynie symulowaną wersją znacznie większego i bardziej skomplikowanego faktu.

W filozofii Platona prawdziwa natura faktu leży w sferze „Form", które są abstrakcyjnymi, doskonałymi i wiecznymi ideałami. Międzynarodowość cielesna, zgodnie z Platonem, jest po prostu niedoskonałą ilustracją tych ideałów. Ta percepcja jest równoległa z ważnym pytaniem idei symulacji: Czy świat, który rozumiemy, jest po prostu rzeczywisty, czy też jest tylko symulacją? W zasadzie symulacji wszechświat jest proponowany jako sztuczny zbiór — stworzony być może przez zaawansowaną inteligencję, taką jak superkomputer lub sztuczna inteligencja. Podobnie, Formy Platona opowiadają się za tym, że to, czego doświadczamy za pomocą zmysłów, jest nieistotnym odbiciem lustrzanym wyższej, lepszej prawdy.

Zarówno zasada Platona, jak i zasada symulacji zalecają, że nasze rozumienie rzeczywistości jest z natury ograniczone, a prawdziwa natura życia wykracza poza to, co jesteśmy w stanie postrzegać lub wierzyć. Jeśli zastosujemy się do rozumowania Platona, świat, którego doświadczamy, może być analogiczny do cieni na ścianie jaskini — co najwyżej słabym przebłyskiem czegoś o wiele bardziej złożonego i głębokiego. Pojęcie, że rzeczywistość może być sztuczną symulacją, nie wydaje się już tak naciągane, gdy rozpatruje się je przez pryzmat idealizmu Platona.

Zasada symulacji ściśle odpowiada percepcji, że tak jak więźniowie Platona, możemy być ograniczeni do syntetycznej rzeczywistości z ograniczonym dostępem do tego, co w rzeczywistości istnieje. Jeśli arena jest rzeczywiście symulacją, to my, jako jej populacja, nie jesteśmy nikim innym niż więźniowie w jaskini, tylko zdolni do zobaczenia i zrozumienia tego, co jest nam prezentowane w ramach parametrów symulacji. W przypadku światów wirtualnych, rzeczywistości rozszerzonej i symulacji wirtualnych możemy dodatkowo wyłonić się jako bardziej odłączeni od świata fizycznego i zacząć po prostu akceptować te zbudowane doświadczenia jako najlepszą autentyczną formę faktu.

Jednak tylko dlatego, że więzień, który ucieka z jaskini, zdaje sobie sprawę z prawdy o arenie, ludzie, którzy są świadomi idei koncepcji symulacji, mogą również szukać, aby rozpoznać właściwą naturę istnienia, poza tym, co jest im dane. Ta koncepcja kwestionuje sposób, w jaki interpretujemy nasze badania sensoryczne. W dzisiejszych czasach rzeczywistość wirtualna dostarczyła zupełnie nową warstwę symulacji w naszym życiu, w której światy cyfrowe naśladują świat fizyczny, jednak nadal najlepiej stanowią ograniczony model rzeczywistości. Pytanie pozostaje: jeśli nasze postrzeganie jest rządzone przez lepszy zespół, czy możemy kiedykolwiek złamać się i doświadczyć „świata zewnętrznego"?

Koncepcja symulacji, choć połączona z filozofią Platona, oferuje głębsze badanie sposobów, w jakie skupienie odnosi się do koncepcji prawdy. Jeśli nasze opowieści sensoryczne i percepcje opierają się na symulacji, w jaki sposób możemy zadeklarować, że rozpoznajemy cokolwiek w przybliżeniu rzeczywistej natury sektora? Pogląd Platona sugeruje, że ludzka wiedza ogranicza się do obszaru pozorów, ale głębsza świadomość leży w sferze intelektualnej i najlepszej. W tym samym duchu teoria symulacji twierdzi, że nasze świadome recenzje mogą być jedynie projekcjami stworzonymi przy pomocy wyższego systemu.

W tym kontekście samo poznanie nie będzie naturalną funkcją umysłu, ale raczej wyłaniającym się elementem symulacji. To nasuwa jeszcze głębsze pytanie: jeśli żyjemy w symulacji, czy nasze poznanie jest artefaktem symulowanego otoczenia, czy też istnieje sposób, aby nasze umysły wykroczyły poza granice tego urządzenia i zrozumiały leżącą u jego podstaw rzeczywistość? Metafora Platona o więźniach w jaskini sugeruje, że uwolnienie się od symulacji wymaga zmiany wiary — ruchu od ignorancji do know-how, od cienia do jasności.

Alegoria jaskini Platona, choć widziana przez pryzmat zasady symulacji, pobudza nas do pytania: czym jest prawda? Jeśli nasze pojęcie sektora jest ograniczone i opiera się przede wszystkim na symulacji, w jaki sposób możemy naprawdę rozpoznać naturę życia? Zasada symulacji i idealizm Platona wskazują na możliwość, że nasze percepcje sensoryczne są po prostu cieniami głębszego faktu. Ta świadomość podważa samą istotę ludzkiego rozpoznania i zmusza nas do ponownego rozważenia granic tego, co rzeczywiste, a co fantazmatem.

Koncepcja alegorii i symulacji w dłuższej perspektywie zakłada, że jeśli nasze życie jest rzeczywiście symulacją, to nasza informacja o arenie jest z natury nieodpowiednia. Podobnie jak więźniowie w jaskini nie są w stanie dostrzec sektora poza cieniami, tak samo my możemy być ograniczeni w symulacji, która ogranicza naszą informację o rzeczywistej prawdzie. W tym przykładzie dążenie do wiedzy i mądrości nie stanie się już tylko ćwiczeniem intelektualnym, ale poszukiwaniem ukrytego kodu, który może monitorować rzeczywistą naturę stylów życia. Tylko dlatego, że więźniowie powinni opuścić jaskinię, aby zajrzeć w światło, my również powinniśmy dążyć do wyrwania się z symulacji, aby dostrzec prawdziwy świat poza nią.

2.2 Kartezjusz i wątpliwa natura rzeczywistości: Myślę, więc jestem?

René Descartes, często występujący jako ojciec współczesnej filozofii, słynnie zaproponował koncepcję „Cogito, ergo sum" („Przyjmuję, więc jestem") jako fundamentalną rzeczywistość w stylach życia opartych na wiedzy. To oświadczenie stało się reakcją na jego radykalny sceptycyzm — jego podejście polegające na wątpieniu we wszystko , w tym w samo życie zewnętrznego świata i jego własne ciało. Metoda Descartesa, zwana sceptycyzmem kartezjańskim, uderzająco pokrywa się z współczesnymi pytaniami dotyczącymi teorii symulacji i charakteru rzeczywistości. Rozważania Descartesa oferują głęboką eksplorację wątpliwości, świadomości i granic ludzkiej wiedzy, które są kluczowe dla trwającej debaty na temat tego, czy nasza rzeczywistość jest właściwa, czy też po prostu symulacją.

Filozoficzna przygoda Kartezjusza rozpoczęła się od tego, co nazywał metodycznym zwątpieniem, procesem, w którym wątpił we wszystko, co uważał za prawdę, aby móc dojść do czegoś niepodważalnego. W swojej pracy Rozważania o pierwszej filozofii Kartezjusz zastanawiał się nad samym istnieniem świata zewnętrznego, wraz z fizyczną ramą, wszechświatem, a nawet własnym umysłem. Rozumował, że stało się wykonalne, że wszystkie te rzeczy mogą być iluzjami stworzonymi przez zewnętrzną presję lub zwodniczego demona — pomysł, który jest równoległy do pomysłu symulowanego faktu, w którym skomplikowany byt mógłby manipulować wiarą jednostki.

Sceptycyzm Kartezjusza rozciągał się nawet na niezawodność jego zmysłów, które zostaną oszukane, jak w przypadku złudzeń optycznych lub celów. Zakładał, że nasze zmysły w ogóle nie będą odzwierciedlać zewnętrznego, obiektywnego faktu. Ta wątpliwość co do zmysłów odzwierciedla współczesną teorię symulacji, która pokazuje, że postrzegane przez nas doświadczenia sensoryczne są prawdopodobnie sztucznie generowane, co skłania nas do kwestionowania, czy kiedykolwiek jesteśmy w stanie faktycznie zaakceptować jako prawdę to, czego doświadczamy.

Pytanie „Co jest rzeczywiste?" staje się nie tylko filozoficznym dociekaniem, ale i krytycznym rozważaniem w kontekście teorii symulacji. Jeśli w ten sposób można wątpić w naturę rzeczywistości, co zapewni nam, że arena wokół nas nie zawsze jest wyraźnie symulacją zaprojektowaną, aby nas oszukać? Argument Kartezjusza, choć opracowany wieki wcześniej niż idea cyfrowego faktu lub wirtualnych symulacji, dostarcza intelektualnych podstaw dla wiedzy o tym, jak moglibyśmy istnieć w symulowanym wszechświecie i jak nasze postrzeganie może zostać zniekształcone przez użycie niewidzialnego nacisku.

Podczas gdy Kartezjusz wątpił w całą rzecz, ostatecznie doszedł do przekonania, że sam akt wątpienia wymagał wyzwania myślowego, aby wykonać akt wątpliwości. Stąd jego dobrze znany cel, Cogito, ergo sum — „Myślę, więc jestem" — stał się jedyną niezaprzeczalną prawdą. Kartezjusz argumentował, że życie jego osobistych myśli lub skupienia nie mogło być wątpliwe z uwagi na fakt, że chociaż złośliwy demon oszukiwał go w kwestii zewnętrznej międzynarodowej, sam akt bycia oszukanym wymagał, aby pytający, świadomy byt został oszukany.

Ta filozoficzna percepcja służy jako ważna kotwica w poszukiwaniu prawdy pośród niepewności. Dla Kartezjusza umysł — nasza zdolność do myślenia, wątpliwości i celu — zmienił się w inspirację życia. W kontekście koncepcji symulacji, rodzi to kluczowe pytanie: jeśli rzeczywiście mieszkamy w symulacji, jaka jest natura umysłu wewnątrz tej symulacji? Nacisk Kartezjusza na trudność myślenia podkreśla, że nawet wewnątrz symulowanej rzeczywistości myśli mogą mimo wszystko istnieć niezależnie od symulowanej rzeczywistości międzynarodowej, zachowując jej zdolność do wątpienia, rozumowania i samopoznania. Jednak jeśli cały wszechświat jest symulacją, to co to sugeruje dla charakteru świadomości? Czy skupienie może szczerze istnieć bez fizycznej rzeczywistości, z którą można wchodzić w interakcję?

Kartezjusz wprowadził ideę złego demona — wszechobecnej istoty, która potencjalnie mogłaby wprowadzić nas w błąd, byśmy uwierzyli, że świat zewnętrzny istnieje tak, jak go postrzegamy, podczas gdy w rzeczywistości jest on prawdopodobnie całkowicie wymyślony. Ta koncepcja zapowiada współczesną ideę symulacji, w której „zły demon" jest zastępowany koncepcją superinteligentnego bytu lub zaawansowanej sztucznej inteligencji, która tworzy i kontroluje symulowaną prawdę. W tej sytuacji nasze postrzeganie sektora nie jest odbiciem obiektywnego, zewnętrznego faktu, ale jest zamiast tego manipulowane za pośrednictwem zewnętrznej siły, podobnie jak symulowane otoczenie mogłoby być zarządzane za pomocą komputera.

Podobieństwa między złym demonem Kartezjusza a ideą symulacji wiszą. W każdym przypadku myśli są uwięzione w zbudowanym fakcie, niezdolne do zweryfikowania autentycznej natury stylów życia. Tak jak Kartezjusz zastanawiał się, czy zaakceptujemy to za pomocą zmysłów, tak idea symulacji rzuca nam wyzwanie, byśmy zastanowili się, czy rozważymy jakiekolwiek z naszych spostrzeżeń, jeśli zostaną one stworzone za pomocą symulacji. Czy nasza wiedza o rzeczywistości jest wyraźnie wymysłem, podobnie jak wyobrażona przez Kartezjusza globalna mistyfikacja?

Nacisk Kartezjusza na myśli jako fundament rzeczywistości w świecie pełnym wątpliwości głęboko rezonuje z obecnymi obawami o charakter świadomości w sferze teorii symulacji. Jeśli mieszkamy w symulowanym świecie , interakcja umysłu z tą symulacją stanie się kluczowym czynnikiem uwagi. Kartezjusz utrzymywał, że umysł jest oddzielony od ciała, co jest ideą zwaną dualizmem. Pogląd ten podnosi intrygujące pytania o charakter umysłu w symulowanej rzeczywistości: jeśli umysł może myśleć niezależnie od ramy w świecie cielesnym, czy powinien również występować w symulacji? Czy umysł nadal miałby interesy w świecie, w którym każde doznanie sensoryczne jest zarządzane i kształtowane za pomocą siły zewnętrznej?

Ponadto Kartezjusz uważał, że wiedza na temat zewnętrznego świata jest przekazywana za pośrednictwem zmysłów, ale zmysły można oszukać. W przypadku idei symulacji myśli nadal mogą postrzegać skonstruowaną prawdę, prawdopodobnie manipulowaną przez wyższą inteligencję. Nasuwa się pytanie, czy nasza wiedza jest w stanie uwolnić się od symulowanych ograniczeń, aby uzyskać rzeczywiste informacje, czy też jest trwale ograniczona do doświadczania wymyślonej rzeczywistości.

Sceptycyzm Kartezjusza i późniejsze oświadczenie, że myśli są najskuteczniejszym, niepodważalnym fundamentem zrozumienia, nadal stanowią ważny punkt w filozoficznych debatach na temat natury faktu. Jednak teoria symulacji rozszerza autentyczny sceptycyzm Kartezjusza, sugerując, że nasze zmysły nie mogą już kłamać, ale cała rzeczywistość, której doświadczamy, jest prawdopodobnie iluzją, kontrolowaną przez zewnętrzną, sztuczną maszynę. Ten pogląd poszerza zakres pierwotnej wątpliwości Kartezjusza, sugerując, że sam świat zewnętrzny może nie istnieć w sposób, w jaki go rozumiemy.

Jeśli teoria symulacji jest prawdziwa, a nasza prawda jest sztucznie zbudowana, twierdzenie Kartezjusza, że myśli są muzą rzeczywistości, można by podobnie zbadać. W symulowanym globalnym , myśli są prawdopodobnie krytycznym szczegółem, jednak ich przeglądy mogłyby być ograniczone za pomocą struktury symulacji. Czy dualizm Kartezjusza — jego oddzielenie umysłu i ciała — mimo wszystko praktykuje, jeśli globalny cielesny jest iluzją? Czy też myśli same w sobie są jedynie elementem symulacji, istniejącym w parametrach ustalonych przez sztuczną maszynę?

Filozoficzne badanie wątpliwości i natury faktu przez René Descartesa oferuje głęboką podstawę do nowatorskich dyskusji na temat charakteru istnienia, zwłaszcza w odniesieniu do teorii symulacji. Cogito, ergo sum Descartesa podkreśla centralną rolę uwagi w fakcie know-how, ale teoria symulacji komplikuje to poprzez myślenie o rzeczywistości areny, w której istnieje poznanie. Niezależnie od tego, czy w świecie zewnętrznego oszustwa, czy w symulowanym wszechświecie, sceptycyzm Descartesa pozostaje kluczowym narzędziem do poznania granic ludzkiej informacji i pozycji pojęcia w kształtowaniu naszych sprawozdań.

Podczas gdy wciąż odkrywamy filozoficzne implikacje zasady symulacji, obrazy Kartezjusza służą jako punkt odniesienia do porównywania, w jaki sposób nasze umysły systematyzują, interpretują i ostatecznie kwestionują fakt, w którym istniejemy. W świecie, który prawdopodobnie jest symulacją, podstawowe pytanie brzmi: jeśli jesteśmy oszukani, jak możemy kiedykolwiek uczciwie rozpoznać, co jest prawdziwe?

2.3 Berkeley i idealizm: Jeśli materia nie istnieje, czym jest rzeczywistość?

Idea idealizmu, zaproponowana przez XVIII-wiecznego logika George'a Berkeleya, daje czarującą soczewkę, przez którą można oglądać charakter faktu — taką, która głęboko rezonuje z nowoczesnymi dyskusjami na temat koncepcji symulacji. Idealizm Berkeleya kwestionuje powszechne założenie, że świat fizyczny istnieje niezależnie od naszego postrzegania go. Jego słynne powiedzenie „esse est percipi" (być to być postrzeganym) stwierdza, że prawda składa się tylko z umysłów i ich idei. Innymi słowy, zewnętrzny świat nie istnieje poza percepcjami świadomych istot, a gadżety materiałowe są najbardziej rzeczywiste, o ile są postrzegane.

Na pierwszy rzut oka idealizm Berkeleya wydaje się być wyjątkowo wyjątkowy w materialistycznym światopoglądzie, w którym wszechświat cielesny istnieje niezależnie od ludzkiej percepcji. Jednak gdy weźmie się pod uwagę kontekst teorii symulacji, myśli Berkeleya wydają się mieć zaskakujące znaczenie dla współczesnych pytań filozoficznych o naturę faktu.

Idealizm George'a Berkeleya wynika z jego radykalnego zadania materialistycznej myśli prawdy. Według Berkeleya życie przedmiotów jest całkowicie zależne od ich postrzegania. Bez myśli, która by je postrzegała, gadżety przestają istnieć. W swojej pracy A Treatise Concerning the Principles of Human Knowledge Berkeley twierdzi, że wszystkie cielesne gadżety są w rzeczywistości ideami w myślach, a te idee są podtrzymywane przez Boga, który nieustannie postrzega i podtrzymuje istnienie świata. Dla Berkeleya nie ma potrzeby, aby substancja tkaniny wyjaśniała arenę wokół nas. Raczej cała rzecz, którą się cieszymy — czy to skała, drzewo czy planeta — jest w rzeczywistości ideą wewnątrz myśli, elementem pojęcia.

Ten pogląd zasadniczo kwestionuje materialistyczne założenie, że obiekty istnieją niezależnie od umysłu. Argument Berkeleya opiera się na koncepcji, że nasze doznania sensoryczne — wzrok, kontakt, smak itd. — nie są wynikiem interakcji z globalnym , niezależnym od umysłu , ale są raczej częścią mentalnej struktury. Zewnętrzna przestrzeń międzynarodowa, według Berkeleya, nie jest zrobiona z materiałów tekstylnych, ale jest alternatywnie zbiorem percepcji, które mogą być podtrzymywane za pomocą boskiego umysłu. Na pytanie, w jaki sposób prawda może istnieć bez materialnych gadżetów, Berkeley odpowiada oświadczeniem, że wszystkie rzeczy istnieją w myślach Boga.

Związek między idealizmem Berkeleya a ideą symulacji staje się oczywisty, gdy przypomnimy sobie charakter percepcji w symulowanej rzeczywistości. Jeśli nasze postrzeganie świata jest wynikiem symulacji, to tak jak idealizm Berkeleya, świat zewnętrzny może nie istnieć niezależnie od naszej wiary w niego. W symulowanym wszechświecie wszystko, w czym się rozkoszujemy — każdy obiekt, każdy krajobraz, każda osoba — istnieje, ponieważ symulacja jest zaprojektowana tak, aby dostarczać nam tych historii. Świat nie istnieje już poza symulacją; istnieje, ponieważ jest postrzegany przez nas, populację symulacji.

Koncepcja symulacji, która zakłada, że nasza rzeczywistość jest symulacją generowaną przez komputer, ma wiele podobieństw do idealizmu Berkeleya. W symulacji „cielesny" świat wokół nas nie będzie niczym więcej niż iluzją stworzoną za pomocą wyrafinowanej maszyny komputerowej. Podobnie jak idealizm Berkeleya zaprzecza istnieniu zewnętrznego, globalnego , zasada symulacji sugeruje, że fizyczny wszechświat, który postrzegamy, nie jest „rzeczywisty" w ramach konwencjonalnego odczucia, ale jest raczej łańcuchem percepcji generowanych za pomocą maszyny obliczeniowej.

Zarówno w filozofii Berkeleya, jak i w idei symulacji, percepcja odgrywa istotną rolę w tworzeniu faktów. Idealizm Berkeleya zakłada, że przedmioty istnieją najlepiej, o ile są postrzegane, a teoria symulacji twierdzi, że nasze recenzje sensoryczne nie są interakcjami z zewnętrznym globalnym, ale interakcjami z symulowanym otoczeniem. Obie perspektywy sugerują, że prawda nie zawsze jest bezstronnym bytem, ale jest alternatywnie głęboko spleciona z percepcjami świadomych istot.

Dla Berkeleya życie gadżetów opiera się na wierze w te obiekty. Jeśli przestajemy postrzegać przedmiot, przestaje on istnieć. W symulacji ta idea znajduje uderzające echo: jeśli za wszelką cenę odłączymy się od symulacji lub przestaniemy postrzegać symulowany świat, gadżety w nim zawarte również przestaną istnieć. Cały wszechświat w symulacji to nic więcej niż łańcuch punktów faktów i danych sensorycznych, tworzonych i utrzymywanych przez urządzenie obliczeniowe. W ten sposób idealizm Berkeleya i koncepcja symulacji podważają postrzeganie niezależnego od myśli świata materii.

Idealizm Berkeleya kończy się interesującym pytaniem: jaka jest funkcja umysłu w rozwijaniu faktów? Dla Berkeleya umysł — w szczególności umysł Boga — jest ostatnim postrzegającym, który podtrzymuje życie sektora. Jednak w kontekście idei symulacji pozycja umysłu jest przenoszona na twórców symulacji. W tym przykładzie świadome myśli (niezależnie od tego, czy są ludzkie, czy sztuczne) doświadczają prawdy, która jest zaprojektowana, wygenerowana i zarządzana przez zewnętrzne źródło.

Podnosi to interesujące pytania dotyczące charakteru świadomości i jej datowania w rzeczywistości. W idealizmie Berkeleya uwaga jest źródłem wszelkiej prawdy, ponieważ arena istnieje najlepiej, gdy jest postrzegana przez umysły. W symulacji poznanie — czy to ludzkie, czy syntetyczne — postrzega sektor w granicach symulacji, jednak percepcja ta jest generowana za pomocą zewnętrznego urządzenia obliczeniowego. Myśli są nadal kluczowe dla rozwoju prawdy, jednak ich percepcje są pośredniczone przez symulację, ton ponieważ umysł Berkeleya opiera się na boskości, aby zachować fakt sektora.

Jednym z kluczowych wkładów Berkeleya w filozofię było jego zadanie dotyczące pojęcia substancji tkaniny. Według Berkeleya substancje tkaniny — materia istniejąca niezależnie od myśli — nie istnieją. Wszystko, co istnieje, to myśli w myślach, a myśli te są podtrzymywane przez Boga. W podobnym duchu koncepcja symulacji wskazuje, że cielesna internacjonalność, tak jak ją postrzegamy, jest fantazmatem. Gadżety, które widzimy, dotykamy i z którymi się angażujemy, mogą nie istnieć w sensie materialnym, ale są alternatywnie wykonane z symulacji zaprojektowanej w celu stworzenia iluzji świata tkaniny.

Jeśli arena jest symulacją, to podobnie jak myśli Berkeleya, gadżety, które rozumiemy, nie są „rzeczywiste" w tradycyjnym doświadczeniu. Krzesło, na którym siedzisz, ziemia pod twoimi stopami i niebo nad tobą — wszystko to jest częścią symulowanego otoczenia, z którego korzystasz. Te obiekty mogą nie mieć bezstronnego istnienia, ale są rzeczywiste, o ile mogą być częścią symulowanego faktu stworzonego w celu postrzegania. Odzwierciedla to pogląd Berkeleya, że globalny świat cielesny to nic więcej niż zbiór percepcji podtrzymywanych przez myśli.

W idealizmie Berkeleya świat jest ostatecznie podtrzymywany przez umysł Boga, który gwarantuje, że sektor nadal istnieje, nawet gdy ludzie go nie postrzegają. W koncepcji symulacji świat jest podtrzymywany przez energię obliczeniową twórców symulacji, którzy odpowiadają za utrzymanie areny i zapewnienie, że będzie ona spójnym, interaktywnym gadżetem. Tak jak Berkeley uważał, że Bóg stał się ostatecznym postrzegającym i podtrzymującym arenę, teoria symulacji wskazuje, że może istnieć pisarz lub grupa twórców, którzy podtrzymują symulację, w której istniejemy.

Ta paralela między idealizmem Berkeleya a ideą symulacji zwiększa intrygujące pytania filozoficzne na temat natury myśli, funkcji wiary w rozwijaniu faktów i zdolności autora lub siły kontrolującej u podstaw naszej prawdy. Niezależnie od tego, czy żyjemy w świecie międzynarodowym podtrzymywanym przez boskie pojęcie, czy w świecie globalnym podtrzymywanym przez zaawansowaną technologię, pytanie pozostaje: jeśli zaufanie nie istnieje niezależnie od percepcji, jaka jest zatem natura faktu?

Idealizm George'a Berkeleya oferuje przerażającą perspektywę na naturę rzeczywistości, taką, która wymaga sytuacji konwencjonalnego poglądu materialistycznego i silnie rezonuje z pytaniami stawianymi przez koncepcję symulacji. Zarówno idea idealizmu, jak i symulacji zalecają, że sektor, który postrzegamy, może nie być obiektywną, bezstronną prawdą, ale jest alternatywnie zbiorem percepcji, albo w myślach, albo w symulowanym systemie. Pytanie o to, co stanowi rzeczywistość, nie jest łatwo odpowiedzieć, jednak idee Berkeleya pomagają rzucić światło na głębokie filozoficzne implikacje spekulacji symulacji. Jeśli zależność nie istnieje w sposób, w jaki historycznie ją rozumiemy, to sama prawda może być o wiele bardziej nieuchwytna, skomplikowana i zależna od percepcji, niż kiedykolwiek sobie wyobrażaliśmy.

2.4 Argument symulacyjny Bostroma: Co jest rzeczywiste we Wszechświecie?

W XXI wieku jeden z najbardziej wpływowych wkładów do dyskusji na temat koncepcji symulacji pochodził od logika Nicka Bostroma. W 2003 roku Bostrom przedstawił obecnie dobrze znany argument symulacyjny, który sugeruje, że jest wykonalne — lub nawet prawdopodobne — że cała nasza rzeczywistość jest symulacją generowaną komputerowo przy użyciu bardziej zaawansowanej cywilizacji. Argument Bostroma stał się istotnym czynnikiem dialogu w każdej filozofii i fikcji technologicznej, a wielu zastanawia się, czy żyjemy w symulacji, czy też nasze postrzeganie wszechświata odzwierciedla rzeczywisty, „rzeczywisty" świat.

Argument symulacyjny Bostroma opiera się na łańcuchu twierdzeń probabilistycznych, ugruntowanych na założeniu, że przynajmniej jedno ze wszystkich trzech twierdzeń powinno być rzeczywiste:

1. Gatunek ludzki wyginie, zanim osiągnie stadium postludzkie: Ta propozycja pokazuje, że ludzkość w żaden sposób nie poszerzy zdolności technologicznych, aby tworzyć rozsądne, wielkoskalowe symulacje poznania. Może istnieć bariera technologiczna lub ryzyko egzystencjalne, które uniemożliwiają nam osiągnięcie tego zaawansowanego królestwa, co oznacza, że symulowane rzeczywistości w żaden sposób nie mogłyby zaistnieć.

2. Mało prawdopodobne jest, aby cywilizacja postludzka symulowała realistyczne świadomości: Ta możliwość zakłada, że chociaż ludzkość osiągnie królestwo postludzkie ze zdolnością do symulowania uwagi, może teraz zdecydować się nie tworzyć tych symulacji. Motywacje do zaprzestania tego będą moralne, filozoficzne lub związane z niebezpieczeństwami tworzenia znacznych, świadomych bytów w symulacjach.

3. Prawie na pewno żyjemy w symulacji: Propozycja 0,33 jest najbardziej kontrowersyjna i jedyna, która wywołała najwięcej debat. Według Bostroma, jeśli dwa pierwsze założenia są fałszywe — co oznacza, że zaawansowane cywilizacje rzeczywiście rozszerzają erę, aby symulować uwagę i wybierać, aby to osiągnąć — to liczba symulowanych rzeczywistości powinna znacznie przewyższyć liczbę „prawdziwych" rzeczywistości. W takim przypadku szanse ludzi żyjących w symulacji gwałtownie rosną. Jeśli istnieją miliardy symulowanych światów i co najwyżej niewielki zakres „prawdziwych" światów, jest statystycznie bardziej prawdopodobne, że żyjemy w symulowanej rzeczywistości.

Argument Bostroma opiera się na założeniu, że jeśli technologicznie zaawansowana cywilizacja ma zdolność symulowania świadomości, byłaby w stanie tworzyć symulacje tak realistyczne, że symulowane istoty w ich wnętrzu mogłyby teraz nie być w stanie odróżnić symulacji od „faktu". Biorąc to pod uwagę, różnorodność symulacji powinna przewyższać liczbę rzeczywistych światów, a możliwość zamieszkania w symulacji mogłaby okazać się bardzo duża.

Sednem argumentacji Bostroma jest rozumowanie statystyczne. Jeśli przyszłe cywilizacje będą zdolne do tworzenia symulacji świadomości, a jeśli zdecydują się to zrobić, różnorodność symulowanych świadomych istot może znacznie przewyższyć różnorodność prawdziwych ludzi. W hipotetycznym przeznaczeniu z praktycznie nieskończonym zakresem symulacji, różnorodność symulowanych rzeczywistości może ograniczyć liczbę rzeczywistych, fizycznych rzeczywistości.

Aby zilustrować tę ideę, Bostrom używa techniki probabilistycznej: jeśli żyjemy w świecie, w którym cywilizacje postludzkie mają potencjał do symulowania świadomych istot, wówczas sama liczba symulowanych bytów sprawia, że jest przytłaczająco prawdopodobne, że jesteśmy jednym z nich. Argument ten opiera się na przekonaniu, ze przy wystarczającej ilości czasu cywilizacja postludzka mogłaby być niezwykle zainspirowana do stworzenia kilku symulacji, być może dla celów klinicznych, starożytnych lub rekreacyjnych. Im więcej symulacji, tym bardziej statystycznie prawdopodobne staje się, że żyjemy w jednej.

Ten eksperyment koncepcyjny wprowadza ekscytujący paradoks: jeśli żyjemy w symulacji, jaka jest natura „rzeczywistości", której ufamy, że jest prawdziwa? Nasze doświadczenia, interakcje i spostrzeżenia byłyby dla nas tak samo prawdziwe, jak relacje kogoś w „prawdziwym" świecie. Jednak z kosmicznego punktu widzenia nie możemy być bardziej prawdziwi niż postacie w grze komputerowej.

Argument symulacyjny Bostroma podnosi głębokie pytania o charakter samej prawdy. Jeśli przyjmiemy, że moglibyśmy żyć w symulacji, kwestionuje to naszą wiedzę na temat stylów życia. Co oznacza bycie „rzeczywistym" we wszechświecie, który może nie być „rzeczywisty" w sposób, w jaki historycznie go rozumiemy? Czy fakt jest wynikiem cielesnej, bezstronnej międzynarodowej, czy też jest to zbiór zaprojektowany przez wyższą inteligencję?

Te pytania prowadzą do ponownej oceny naszych podstawowych założeń dotyczących życia. Jeśli jesteśmy w symulacji, nasze postrzeganie globalnego świata — Słońca, gwiazd, Ziemi — może wymagać stworzenia spójnej narracji dla mieszkańców symulacji. Pozornie solidne gadżety, prawa fizyki i upływ czasu mogą być niczym więcej niż iluzjami stworzonymi przez gadżet obliczeniowy. W tym scenariuszu „prawdziwy" świat może również znajdować się poza symulacją, ale nie jest możliwe natychmiastowe uzyskanie do niego dostępu lub jego rozpoznanie.

W tym łagodnym świetle pytanie, czy pozostajemy w symulacji, staje się teraz nie tylko filozoficzną ciekawostką, ale głębokim zadaniem dla naszej teorii prawdy. Zmusza nas do ponownego rozważenia tego, co stanowi „prawdziwy świat" i czy coś można uznać za absolutnie rzeczywiste, jeśli istnieje całkowicie w symulacji.

Argument Bostroma zagłębia się również w kwestie technologiczne i moralne otaczające tworzenie symulacji. Jeśli zaawansowane cywilizacje mają zdolność do symulowania świadomości, czy muszą ją mieć? Jakie etyczne obowiązki mogłyby mieć takie cywilizacje wobec symulowanych istot, które wymyślają? Te pytania nie są po prostu teoretyczne; zapraszają nas do zastanowienia się nad etycznymi implikacjami tworzenia symulacji istot świadomych i wynikami zdolności zarówno dla twórców, jak i stworzonych.

Jeśli symulacje są tworzone z udziałem świadomych bytów, które rozkoszują się bólem, radością lub zmaganiami, wówczas dylemat etyczny staje się pilny: czy twórcy tych symulacji powinni być odpowiedzialni za dobrostan swoich symulowanych mieszkańców? Czy symulowane byty powinny mieć prawa, czy ich życie jest po prostu sposobem na rezygnację dla twórców symulacji? Te kwestie moralne uświadamiają potencjalne implikacje etyczne zaawansowanej technologii, szczególnie w odniesieniu do sztucznej świadomości i tworzenia symulowanych rzeczywistości.

Argument symulacyjny Bostroma dodatkowo wysuwa na pierwszy plan filozoficzny problem solipsyzmu — przekonanie, że najlepszy osobisty umysł i percepcje z pewnością istnieją.

Jeśli żyjemy w symulacji, możemy również kwestionować istnienie wszystkiego poza naszą postrzeganą prawdą. Czy ludzie wokół nas są prawdziwi, czy też są to naprawdę programy działające wewnątrz symulacji? Czy istnieje „rzeczywisty" świat poza symulacją i w takim przypadku, w jaki sposób możemy kiedykolwiek uzyskać do niego dostęp lub zrozumieć coś na jego temat?

Argument symulacyjny, w tym doświadczeniu, wprowadza solipsyzm do świata technologicznego know-how i generacji, pytając, czy świat, którego doświadczamy, jest praktycznie niezależny od naszych umysłów, czy też jest jedynie konstrukcją w ramach ogromnej i złożonej symulacji. Pod wieloma względami argument symulacyjny wzmacnia solipsystyczne obawy podniesione przez idealizm Berkeleya, ponieważ obie perspektywy sugerują, że to, co postrzegamy jako rzeczywistość, może być o wiele bardziej kruche, niż kiedykolwiek sobie wyobrażaliśmy.

Argument Nicka Bostroma dotyczący symulacji wywarł głęboki wpływ na współczesne dyskusje filozoficzne i naukowe na temat natury rzeczywistości. Przedstawia przekonujący argument, że biorąc pod uwagę zdolność zaawansowanych cywilizacji do tworzenia symulacji, szansa na zamieszkanie w symulowanym fakcie może być znacznie wyższa, niż nam się wydaje. Argument ten kwestionuje nasze maksymalne założenia fundamentalne dotyczące wszechświata, zapraszając nas do przemyślenia samej natury życia i naszego sąsiedztwa w kosmosie.

Badając konsekwencje argumentu Bostroma, dochodzimy do głębszego zrozumienia tego, co to znaczy być „rzeczywistym" we wszechświecie, który może nie być taki, jak go postrzegamy. Argument symulacji nie dotyczy tylko naszych perspektyw fizyki, epoki i etyki — zmusza nas do skonfrontowania się z samą naturą samego faktu. Jeśli rzeczywiście żyjemy w symulacji, to co jest rzeczywiste? I co ważniejsze, co oznacza bycie rzeczywistym w pierwszej lokalizacji?

2.5 Ewolucja historyczna koncepcji symulacji

Koncepcja, że rzeczywistość nie będzie taka, jaka się wydaje, a nasze postrzeganie może być inspirowane lub nawet konstruowane przez presję zewnętrzną, ma długą i fascynującą historię. Idea symulacji, tak jak ją pojmujemy w dzisiejszych czasach, rozwijała się przez stulecia, kształtowana przez osiągnięcia filozoficzne, medyczne i technologiczne. Podróż od starożytnych rozważań metafizycznych do współczesnych teorii technologicznych symulowanych rzeczywistości, dobrze znanych, pokazuje wiele na temat trwających poszukiwań ludzkości w celu zrozumienia charakteru stylów życia i naszego miejsca we wszechświecie.

Najwcześniejsze rozważania filozoficzne na temat symulacji można ponownie prześledzić do historycznych myślicieli, którzy zastanawiali się nad naturą pojęcia i prawdy. Koncepcja, że arena, której doświadczamy, może być iluzją lub błahą projekcją, została słynnie zbadana przez Platona w jego Alegorii jaskini (około 380 r. p.n.e.). W tej alegorii Platon opisuje więźniów przykutych łańcuchami wewnątrz jaskini, którzy mogą widzieć tylko cienie na ścianie przez gadżety za nimi. Ci więźniowie mylą cienie z rzeczywistością, ponieważ nigdy nie widzieli samych gadżetów. Ta alegoria podkreśla możliwość, że to, co postrzegamy jako rzeczywistość, może być po prostu słabym, zniekształconym odbiciem lustrzanym głębszej rzeczywistości, tematem, który może rezonować przez wieki, gdy dyskusje na temat fantazmatu i rzeczywistości się rozprzestrzeniają .

Koncepcję iluzji i charakter prawdy badali w podobny sposób późniejsi filozofowie, w tym Kartezjusz, którego Rozważania o pierwszej filozofii (1641) przyniosły ideę radykalnego zwątpienia. Kartezjusz słynnie zastanawiał się nad prawdziwością wszystkich rzeczy, nawet swojego własnego życia, biorąc pod uwagę, że mógł znajdować się pod wpływem zwodniczego demona — zewnętrznej presji kontrolującej jego percepcje. Chociaż Kartezjusz nie określił tego wprost jako „symulacji", jego filozoficzne rozważania położyły podwaliny pod późniejsze myśli, które hiperłącznie powiązały oszustwo i rozwój faktów z konstrukcjami technologicznymi i metafizycznymi.

Wraz z rozwojem myśli medycznej, poczyniono postępy w eksploracji związku między rzeczywistością a pojęciem. W XVII i XVIII wieku rozwój empiryzmu i racjonalizmu spowodował nowe podejścia do wiedzy, roli zmysłów i myśli w kształtowaniu naszego doświadczenia sektora. Myśliciele tacy jak John Locke, George Berkeley i Immanuel Kant zajęli się naturą prawdy i percepcji, ostatecznie wpływając na dyskurs, który może otaczać zasadę symulacji.

Berkeley, jako przykład, słynnie argumentował na rzecz idealizmu — postrzegania, że gadżety z tkaniny nie istnieją już niezależnie od myśli. W swojej pracy A Treatise Concerning the Principles of Human Knowledge (1710) zaproponował, że prawda jest w całości budowana za pomocą percepcji i że każdy styl życia zależy od umysłu Boga. Chociaż Berkeley nie ucieleśniał swoich myśli w kategoriach symulacji, jego argument, że globalny świat zewnętrzny zależy od percepcji, jest zgodny z późniejszymi pojęciami faktu jako konstruktu, zapowiadając współczesne idee symulowanych lub cyfrowych rzeczywistości.

Immanuel Kant w swojej Krytyce czystego rozumu (1781) przedstawił bardziej zniuansowaną perspektywę, zakładając, że ludzie nie potrafią rozpoznać świata takim, jakim jest absolutnie, najprostszym, jaki wydaje się nam przez pryzmat naszych szkół zmysłowych i kategorii mentalnych. Praca Kanta podniosła kwestie dotyczące granic ludzkiego pojęcia, sugerując, że nigdy nie możemy uzyskać wstępu do „rzeczy samej w sobie" (prawdziwej natury prawdy) i że nasze raporty są nieustannie pośredniczone za pomocą struktur myśli. Rodzi to możliwość, że nasze raporty, a zatem nasze informacje o rzeczywistości, mogą być z natury ograniczone i potencjalnie manipulowane przez siły zewnętrzne — temat istotny dla koncepcji symulacji.

XX wiek był świadkiem szybkiego postępu technologii, a wraz z nim zaczęły kształtować się nowe dyskusje na temat natury prawdy. Rozwój informatyki, wirtualnej prawdy i cybernetyki dał możliwość, że rzeczywistość będzie sztucznie budowana lub manipulowana za pomocą maszyn. W połowie XX wieku myśliciele tacy jak Norbert Wiener, który założył sferę cybernetyki, badali koncepcję struktur manipulacji i pętli uwag w strukturach biologicznych i mechanicznych. Te przemyślenia mogły później wpłynąć na dyskusje na temat sztucznej inteligencji i symulacji, sugerując, że maszyny mogą prędzej czy później symulować skupienie i samą rzeczywistość.

W obszarze technologicznej fikcji know-how koncepcja symulowanych rzeczywistości stała się wyróżniającym się tematem pod koniec XX wieku. Dzieła takie jak Matrix (1999) i Neuromancer (1984) wyniosły ideę symulowanych światów na pierwszy plan słynnego sposobu życia. Te świadectwa przedstawiały postacie żyjące w symulowanych środowiskach, które były nieodróżnialne od „prawdziwych" faktów, podnosząc pytania o naturę świadomości, wolności i kontroli sprawowanej przez potężne byty. Pomysł, że symulacje mogą być tak doskonałe, że nie da się ich odróżnić od prawdziwej rzeczywistości, poruszył wyobraźnię zarówno ogółu społeczeństwa, jak i filozofów.

Koncepcja zasady symulacji, jaką rozumiemy dzisiaj, zawdzięcza wiele pracy filozofa Nicka Bostroma, który w 2003 r. sformułował argument symulacyjny, sugerujący, że jest prawdopodobne — lub może raczej prawdopodobne — że żyjemy w symulowanej prawdzie stworzonej przy użyciu skomplikowanej cywilizacji. Opierając się na pracy wcześniejszych filozofów, Bostrom wprowadził percepcję „cywilizacji posthumanistycznych" zdolnych do spacerowania rozległych, odrębnych symulacji świadomych istot. Jego argumentacja dostarcza statystycznego przypisania do naszego postrzegania faktów, sugerując, że jeśli wyższe cywilizacje tworzą takie symulacje, jest o wiele bardziej prawdopodobne, że żyjemy w jednej niż w „prawdziwym" świecie.

Obrazy Bostroma wprowadzały filozoficzne dociekania na temat faktów, pojęć i natury skupienia z najnowocześniejszymi trendami technologicznymi, tworząc nowe ramy dla idei symulacji experckiej. Jego argument symulacyjny podniósł komunikację poza rozważania filozoficzne, wprowadzając możliwość, że zaawansowane technologie wkrótce będą w stanie tworzyć symulacje tak najnowocześniejsze, że mogą być nieodróżnialne od rzeczywistej, fizycznej prawdy.

W XXI wieku ulepszenia w wirtualnej rzeczywistości (VR), sztucznej inteligencji (AI) i komputerach kwantowych jeszcze bardziej przewyższyły dyskurs wokół zasady symulacji. Wraz z rozwojem generacji, pomysł tworzenia symulacji, które ściśle przypominają lub nawet replikują ludzkie doświadczenia, staje się dodatkowym potencjałem. Wirtualne światy wraz z tymi stworzonymi w środowiskach VR stają się coraz bardziej realistyczne, co pozwala na wprowadzenie całych światów, które naśladują fizyczny świat globalny , wraz ze sztucznymi inteligencjami, które wchodzą w interakcje z ludzkimi klientami w coraz bardziej wyrafinowany sposób.

W miarę jak technologie te nadal się rozwijają, ślady między tym, co jest „rzeczywiste", a tym, co jest „symulowane", stają się coraz bardziej niewyraźne. Na przykład rzeczywistość cyfrowa już stworzyła raporty, które mogą być wystarczająco wciągające i przekonujące, aby oszukać zmysły. Tymczasem systemy AI zaczynają symulować zachowania podobne do ludzkich, co prowadzi do pytań o naturę świadomości i zdolność maszyn do stawania się samoświadomymi. Te wydarzenia sugerują, że los ery symulacji powinien znacznie zmienić nasze rozumienie tego, co stanowi prawdę.

Idea symulacji rozwinęła się od historycznych pytań filozoficznych o percepcję i rzeczywistość do wyrafinowanej współczesnej teorii, która łączy filozofię, naukę i technologię. Od Platońskiej alegorii jaskini do argumentu symulacyjnego Bostroma, idea, że nasza prawda może być fantazmatem lub skonstruowaną symulacją, była ważnym wyzwaniem dla myślicieli w historii. Dzięki szybkiemu postępowi technologii pytanie, czy żyjemy w symulacji, jest teraz nie tylko pytaniem filozoficznym, ale także rozsądnym zmartwieniem, które przecina się z dziedzinami technologii komputerowej, sztucznej inteligencji i neuronauki.

W miarę jak będziemy przesuwać granice epoki, pojęcie symulowanych rzeczywistości prawdopodobnie będzie się rozwijać, utrudniając naszą wiedzę o tym, co to znaczy być „rzeczywistym" i zmuszając nas do konfrontacji z głębokimi pytaniami na temat istnienia, świadomości i natury samego wszechświata. Historyczna ewolucja zasady symulacji, od historycznej filozofii do obecnej technologii, ilustruje trwałą fascynację ludzkości naturą faktu i naszym regionem w jego obrębie.

ROZDZIAŁ 3

Fizyka kwantowa i natura rzeczywistości

3.1 Mechanika kwantowa: Czy rzeczywistość jest stała, czy składa się z prawdopodobieństw?

Natura rzeczywistości była istotnym pytaniem w toku ludzkich zapisów, kusząc zarówno filozofów, jak i naukowców. Fizyka klasyczna wskazuje, że wszechświat działa zgodnie z deterministycznymi i dobrze zdefiniowanymi prawami, podczas gdy mechanika kwantowa zna prawdę, która jest niepewna, probabilistyczna i podsycana przez komentarz. Pojawienie się mechaniki kwantowej zrewolucjonizowało nasze rozumienie zasadniczej struktury wszechświata, ale również podniosło głębokie kliniczne i filozoficzne pytania dotyczące charakteru samego faktu.

Mechanika kwantowa rozwinęła się na początku XX wieku, aby wyjaśnić zjawiska naturalne, których fizyka klasyczna nie potrafiła opisać. Prace Maxa Plancka na temat promieniowania ciała doskonale czarnego i jego sugestia, że moc jest emitowana w dyskretnych pakietach (kwantach), położyły podwaliny pod ideę kwantową. W 1905 roku Albert Einstein ustalił, że światło może zachowywać się nie tylko jak fala, ale także jak cząstka (foton) poprzez wyjaśnienie efektu fotoelektrycznego.

Odkrycia te dodały zauważalnie nowe podejście do tego, jak rzeczywistość działa w najmniejszych skalach, zastępując determinizm fizyki klasycznej niepewnością i szansą. Podczas gdy fizyka Newtona zalecała, aby wszechświatowi towarzyszyły konkretne, przewidywalne prawa, mechanika kwantowa wprowadziła pojęcie, że sam fakt jest zasadniczo probabilistyczny.

Jednym z pierwszych sygnałów, że fakt ten nie będzie tak stabilny, jak się wydaje, jest dualizm korpuskularno-falowy liczby i mocy. Spekulacje Louisa de Broglie'a wprowadziły pomysł, że cząstki składające się z elektronów mogą wykazywać zarówno zachowanie falowe, jak i cząsteczkowe.

Eksperymenty wykazały, że elektrony mogą istnieć w wielu stanach już teraz, zachowując się jak fale, gdy nie są znajdowane, i jak cząstki, gdy są mierzone. To zjawisko od razu wymaga sytuacji naszego konwencjonalnego rozumienia faktu: jeśli obiekt może być zarówno falą, jak i cząstką, w jaki sposób jego stan może być absolutnie zdefiniowany?

Najbardziej znanym przykładem dualizmu korpuskularno-falowego jest test podwójnej szczeliny. Gdy elektrony lub fotony są wystrzeliwane w barierę z dwiema szczelinami, tworzą próbkę interferencyjną, zachowującą się jak fale. Jednak gdy próbujemy zbadać, przez którą szczelinę przechodzą, próbka interferencyjna znika, a szczątki zachowują się tak, jakby przeszły przez jedną szczelinę.

Ten eksperyment sugeruje, że samo stwierdzenie zmienia prawdę fizyczną. Zamiast twardej, szybkiej i obiektywnej rzeczywistości, kwantowa międzynarodówka wydaje się być uformowana za pomocą wymiaru i interakcji, wzmacniając koncepcję, że prawda nie zawsze jest absolutna, ale probabilistyczna.

Werner Heisenberg dodał zasadę nieoznaczoności w 1927 r., która jest jedną ze środkowych zasad mechaniki kwantowej. Zgodnie z tą zasadą nie można dokładnie określić położenia i pędu cząstki jednocześnie. Im dokładniej znane jest jedno, tym bardziej niepewne staje się drugie.

Zasada ta oznacza, że zasadnicza natura wszechświata nie jest stała i z góry określona, ale z natury niepewna. W przeciwieństwie do fizyki klasycznej, która opisuje obiekty za pomocą unikalnych pomiarów, mechanika kwantowa opisuje rzeczywistość w kategoriach szans.

Zasada nieoznaczoności Heisenberga nie jest tylko teoretyczną koncepcją, ale istotną własnością natury. Zamiast przypisywać elektronowi określone otoczenie, mechanika kwantowa oferuje rozkład szans opisujący, gdzie elektron może się znajdować. To podważa przekonanie o rzeczywistości jako sztywnej formie i raczej nadaje jej charakter fluktuującego i probabilistycznego bytu.

Innym kluczowym pomysłem w mechanice kwantowej jest superpozycja, w której cząstka istnieje w kilku stanach jednocześnie, dopóki nie zostanie zmierzona. Na przykład elektron może znajdować się na wielu wyjątkowych orbitach jednocześnie, jednak gdy jest ustalony, „zapada się" do stanu pojedynczego.

To podważa naszą wiedzę o prawdzie fizycznej, ponieważ sugeruje, że przed wymiarem obiekt istnieje jako fala przypadkowa, a nie jako precyzyjny byt. Akt obserwacji zmusza go do wejścia w niezamężny, dobrze opisany kraj.

Zjawisko to jest zilustrowane za pomocą paradoksu Schrödingera, w którym kot wewnątrz zamkniętego pudełka jest jednocześnie żywy i martwy z powodu superpozycji kwantowej. Jednak gdy tylko pojemnik zostanie otwarty, kot zostaje odkryty w najprostszym dokładnym kraju — albo żywy, albo martwy. Ten paradoks podkreśla, jak stwierdzenie wpływa na prawdę i wymusza kwantowe możliwości w niezależnych wynikach końcowych.

Model faktu opisany przez mechanikę kwantową jest zasadniczo wyjątkowy w porównaniu z fizyką klasyczną. Podczas gdy fizyka Newtona przedstawia wszechświat rządzony za pomocą ścisłych relacji motyw-i-skutek, mechanika kwantowa sugeruje, że prawda jest kształtowana poprzez możliwość i stwierdzenie.

Podstawowe koncepcje mechaniki kwantowej sugerują, że:

• Rzeczywistość nie jest absolutna, ale można ją poznać po komentarzach i rozmiarach.

Fevzi H.

• Cząstki nie mają określonych właściwości, dopóki nie zostaną zmierzone; istnieją jako rozkłady możliwości.

• Dualizm korpuskularno-falowy pokazuje, że prawda posiada zarówno właściwości ciągłe (falowe), jak i dyskretne (cząsteczkowe).

• Zasada niepewności pokazuje, że istnieją nieodłączne ograniczenia tego, co można uważać za globalne .

To zwiększa pytanie: Jeśli fakt jest inspirowany komentarzem, czy oznacza to, że świadomość odgrywa aktywną rolę w kształtowaniu wszechświata? Jeśli fundamentalna natura wszechświata jest probabilistyczna, to sama rzeczywistość nie będzie bezstronną, obiektywną strukturą, ale maszyną w ruchu, nieustannie oddziałującą z wymiarem i pojęciem.

Mechanika kwantowa nie daje obecnie jednoznacznej odpowiedzi na pytanie, czy prawda jest silna czy probabilistyczna, ale głęboko zmieniła nasze doświadczenie wszechświata. Podczas gdy fizyka klasyczna postrzega rzeczywistość jako deterministyczną i zależną, mechanika kwantowa wskazuje, że prawda jest dynamiczna i kształtowana przez szanse.

Być może prawda nie jest sztywnym frameworkiem, ale rozwijającą się współgrającą ze sobą możliwościami i obserwacją. Istotna natura wszechświata może nie być ustalona, ale zamiast tego istnieje jako fluktuująca fala możliwości, zapadająca się w rzeczywistość najprościej, gdy zostanie odnaleziona. Wielka natura mechaniki kwantowej wciąż przekształca naszą wiedzę o faktach i przypisuje nasze najgłębsze założenia dotyczące natury stylów życia.

3.2 Eksperyment z dwiema szczelinami: Jak obserwacja wpływa na naturę materii?

Eksperyment z podwójną szczeliną jest jednym z najbardziej znanych i zagadkowych eksperymentów w mechanice kwantowej, demonstrującym dziwne i kontrintuicyjne zachowanie szczątków na poziomie kwantowym. Podważa on naszą klasyczną informację o prawdzie, pokazując, że sam komentarz może dostosować zachowanie materii. Eksperyment ten ma głębokie implikacje dla charakteru szczątków, dualizmu korpuskularno-falowego i pozycji świadomości w definiowaniu prawdy.

Zanim zagłębimy się w kwantowy model eksperymentu, warto przypomnieć sobie, jak moglibyśmy założyć, pamiętać i zachować się na podstawie fizyki klasycznej. Jeśli rzucimy maleńkie cząsteczki (wraz z ziarenkami piasku) na barierę z dwiema szczelinami, powinny zachowywać się jak kule, tworząc wspaniałe pasma na wyświetlaczu z tyłu szczelin, odpowiadające śladom pobranym przez każdą szczelinę.

Jeśli, jako alternatywę, użyjemy fal — które obejmują fale wodne — przechodzących przez szczeliny, będą one ingerować z każdą inną, tworząc próbkę naprzemiennych jasnych i ciemnych pasm znanych jako wzór interferencyjny. Błyszczące pasma odpowiadają konstruktywnej interferencji, w której fale wzmacniają się wzajemnie, podczas gdy ciemne pasma odpowiadają niekorzystnej interferencji, w której fale znoszą się.

W fizyce klasycznej pojęcie polegania i siły było zasadniczo specyficzne: szczątki miały wspaniałe pozycje i poruszały się po prostych ścieżkach, podczas gdy fale były nieprzerwane i zdolne do interferencji. Jednak test z podwójną szczeliną ujawnił głęboką i niepokojącą prawdę: cząstki kwantowe wykazują zarówno zachowanie cząsteczkowe, jak i falowe, w zależności od tego, czy można je znaleźć.

W kwantowym modelu eksperymentu elektrony lub fotony są wystrzeliwane jeden po drugim bliżej bariery ze szczelinami , a ekran detektora rejestruje ich efekt. Oczekiwanie, oparte głównie na klasycznym instynkcie, może być takie, że każdy elektron przechodzi przez jedną szczelinę lub odwrotnie, tworząc dwa pasma na ekranie — tak jak małe kule.

Jednak rzeczywiste konsekwencje przeczą tym oczekiwaniom. Zamiast tworzyć wspaniałe pasma, elektrony wytwarzają wzór interferencyjny, jakby zachowywały się jak fale, a nie jak cząsteczki. Sugeruje to, że każdy elektron w jakiś sposób „przechodzi przez obie szczeliny od razu" i interferuje ze sobą, jakby istniał w kilku miejscach jednocześnie.

Prawdziwa zagadka pojawia się, gdy naukowcy próbują ustalić, przez którą szczelinę przechodzi każdy elektron. Aby to sprawdzić, umieszczają na szczelinach narzędzie pomiarowe, aby zbadać ścieżkę elektronu. W momencie odkrycia elektronów ich zachowanie ulega drastycznej zmianie: wzór interferencji znika, a one zachowują się jak klasyczne cząstki, tworząc odrębne pasma zamiast falistej próbki interferencji.

Ten końcowy wynik sugeruje, że sam akt uwagi załamuje cechę fali, zmuszając elektron do zachowywania się jak cząstka, a nie fala. Zjawisko to jest jednym z najbardziej skomplikowanych aspektów mechaniki kwantowej i zwiększa głębokie pytania dotyczące charakteru prawdy i roli rozmiaru.

Eksperyment z podwójną szczeliną jest natychmiastową demonstracją dualizmu korpuskularno-falowego, fundamentalnej idei mechaniki kwantowej. Zasada ta stwierdza, że cząstki, które obejmują elektrony i fotony, wykazują zarówno domy cząsteczkowe, jak i falowe, w zależności od sposobu pomiaru.

• Gdy nie są już obserwowane, szczątki zachowują się jak fale, obecne w superpozycji wszystkich możliwych ścieżek.

• Po dokonaniu pomiaru lub obserwacji charakterystyka fali załamuje się, a cząstka przyjmuje pojedynczą, precyzyjną funkcję.

Ta metoda, że zachowanie cząstek kwantowych nie zawsze jest stałe, jest jednak wywoływana przez to, czy są obserwowane, czy nie. W przeciwieństwie do fizyki klasycznej, w której gadżety mają określone miejsca zamieszkania niezależne od wymiarów, mechanika kwantowa wskazuje, że kraj cząstki pozostaje niepewny, dopóki nie zostanie zmierzony. Jedną z najbardziej intrygujących implikacji filozoficznych eksperymentu z dwiema szczelinami jest efekt obserwatora — idea, że komentarz sam w sobie zmienia prawdę fizyczną. Prawda, że zmierzenie, przez którą szczelinę przechodzi cząstka, zmusza ją do zachowywania się jak cząstka klasyczna, a nie jak fala, wywołuje fundamentalne pytania:

• Czy poznanie odgrywa rolę w kształtowaniu faktów?

• Czy prawda jest bezstronna w stosunku do opinii, czy też „krzepnie" dopiero, gdy się ją zmierzy?

• Co to oznacza w przybliżeniu w kontekście natury życia?

Niektóre interpretacje mechaniki kwantowej, w tym interpretacja kopenhaska, zalecają, aby fakt pozostawał niezdefiniowany, dopóki nie zostanie dogłębnie odkryty. W ocenie interpretacja wielu światów twierdzi, że wszystkie możliwe konsekwencje występują w równoległych wszechświatach, co oznacza, że funkcja falowa wcale nie zapada się, ale rozgałęzia się na różne rzeczywistości.

Bardziej kontrowersyjna hipoteza, zwana idealizmem kwantowym, zakłada, że sama świadomość jest istotnym naciskiem kształtującym prawdę. Ta idea wskazuje, że rzeczywistość nie istnieje w danym kraju, dopóki nie zostanie dostrzeżona, co oznacza, że umysł odgrywa rolę w międzynarodowym materiale. Podczas gdy pozostaje to spekulatywne, wyniki testu z podwójną szczeliną nadal stanowią wyzwanie dla naszego podstawowego zrozumienia stylów życia.

Przeprowadzono kilka wariantów testu podwójnej szczeliny, aby dodatkowo odkryć jego implikacje. Jednym ze szczególnie uderzających modeli jest test nie na czas-pragnienie, zaproponowany przez fizyka Johna Wheelera.

W tej wersji wybór, aby przyjrzeć się szczelinie, przez którą przechodzi cząstka, jest dokonywany po tym, jak cząstka przeszła już przez szczeliny, ale przed uderzeniem w ekran wyświetlacza detektora. Co ciekawe, nawet jeśli cząstka już „wybrała" trasę , decyzja o przyjrzeniu się jej z mocą wsteczną determinuje jej zachowanie.

Sugeruje to, że kwantowe szczątki nie mają obecnie określonych domów, dopóki nie zostaną odkryte, a w pewnym sensie nawet przeszłe wydarzenia mogą być zachęcane poprzez przyszłe obserwacje. Takie konsekwencje śledzą niesąsiedzką i niezależną od czasu naturę mechaniki kwantowej, gdzie motyw i wpływ nie działają w tradycyjny sposób, jaki postrzegamy w fizyce klasycznej.

Test dwuszczelinowy i jego odmiany mają głębokie implikacje dla naszego pojmowania faktów:

• Rzeczywistość nie będzie niezależna od uwagi. Rzeczywistość, że pomiar cząstki zmienia jej zachowanie, wskazuje, że rzeczywistość na poziomie kwantowym nie jest absolutna, ale zależna od interakcji.

• Cząstki nie mają teraz konkretnych miejsc zamieszkania, dopóki nie zostaną zmierzone. Mechanika kwantowa mówi nam, że przedmioty nie mają już stałych stanów; zamiast tego istnieją jako prawdopodobieństwa, które zapadają się w konkretny kraj po komentarzu.

• Wszechświat może być zasadniczo probabilistyczny. Zamiast być rządzonym przez stałe prawa, jak mechanika klasyczna, mechanika kwantowa pokazuje, że prawda jest kształtowana za pomocą możliwości i aktu wymiaru.

• Czas i przyczynowość nie będą malować tak, jak zakładamy. Test „nie na preferencje czasowe" sugeruje, że nasze obserwacje mogą najwyraźniej mieć wpływ na wydarzenia wykraczające poza nasze tradycyjne pojęcia przyczyny i skutku.

Eksperyment z podwójną szczeliną pozostaje jedną z najbardziej zdumiewających demonstracji mechaniki kwantowej, pokazującą, że szczątki mogą zachowywać się jak fale, istnieć w wielu stanach od razu i być pod wpływem uwagi. Wymaga to sytuacji dla naszej klasycznej wiedzy o wszechświecie i zmusza nas do przemyślenia charakteru samej prawdy.

Czy fakt istnieje niezależnie od pomiaru, czy też jest on zasadniczo kształtowany za pomocą komentarza? Czy wszechświat jest rządzony za pomocą deterministycznych wytycznych prawnych, czy też jest zbudowany na fundamencie szans? Są to pytania, które wciąż stanowią zagadkę zarówno dla fizyków, jak i filozofów.

Podczas gdy mechanika kwantowa dostarczyła szeregu najbardziej poprawnych przewidywań w zakresie wiedzy technologicznej, odkryła również głęboką dziwność naszego wszechświata. Test z podwójną szczeliną jest świadectwem tajemniczej i kontrintuicyjnej natury prawdy kwantowej — takiej, w której stwierdzenie nie jest tylko biernym aktem, ale aktywną siłą kształtującą samą strukturę życia.

3.3 Splątanie kwantowe: czy rzeczywistość jest ze sobą powiązana?

Splątanie kwantowe jest jednym z najbardziej tajemniczych i paradoksalnych zjawisk w fizyce. Sugeruje, że cząstki mogą być wewnętrznie powiązane, niezależnie od odległości, a zmierzenie jednej cząstki natychmiast wpływa na królestwo drugiej, pomimo faktu, że są one oddalone od siebie o lata świetlne . To wymaga sytuacji naszej klasycznej wiedzy o lokalności i przyczynowości, podnosząc głębokie pytania o naturę rzeczywistości, transfer danych i zasadniczy kształt wszechświata.

Splątanie ma miejsce, gdy dwa lub więcej szczątków oddziałuje w taki sposób, że ich stany kwantowe stają się zależne od siebie. Po splątaniu cząstki pozostają skorelowane niezależnie od tego, jak daleko się od siebie znajdują. To podejście, w którym pomiar stanu jednej cząstki — w tym jej spinu lub polaryzacji — od razu określa stan przeciwnej cząstki, nawet jeśli są one rozdzielone odległościami pełnowymiarowymi.

To zachowanie przeczy klasycznej fizyce, w której gadżety powinny mieć niezależne domy, których nie dręczą zdalne pomiary. Zjawisko to zostało słynnie zdefiniowane przez Alberta Einsteina jako „upiorny ruch na odległość", ponieważ wydaje się naruszać zasadę, że żadne rekordy nie mogą podróżować szybciej niż prędkość światła.

W 1935 r. Albert Einstein, Boris Podolsky i Nathan Rosen zaproponowali test koncepcyjny — obecnie nazywany paradoksem EPR — mający na celu zakwestionowanie kompletności mechaniki kwantowej. Twierdzili, że jeśli mechanika kwantowa była poprawna, to zmierzenie stanu jednej splątanej cząstki mogłoby natychmiast wpłynąć na stan alternatywy, pomimo faktu, że dzieliły ich lata świetlne.

Wydawało się to niemożliwe w fizyce klasycznej, która zakłada, że sygnały nie mogą przemieszczać się szybciej niż prędkość światła. Grupa EPR stwierdziła, że:

1. Mechanika kwantowa stała się niekompletna, a ukryte zmienne określały miejsca zamieszkania cząstek wcześniej niż ich rozmiar.

2. Rzeczywistość stała się zasadniczo nielokalna, co oznacza, że fakty mogłyby być natychmiast przesyłane przez przestrzeń.

Przez długi czas fizycy debatowali nad tym, czy mechanika kwantowa potrzebuje ukrytych zmiennych, aby wyjaśnić splątanie, czy też prawda sama w sobie jest powiązana w sposób, którego fizyka klasyczna nie potrafi opisać.

W 1964 roku fizyk John Bell sformułował nierówność matematyczną – znaną obecnie jako twierdzenie Bella – którą można było zbadać eksperymentalnie w celu ustalenia, czy istnieją ukryte zmienne lub czy w rzeczywistości rzeczywistość definiuje mechanika kwantowa.

Twierdzenie Bella mówi, że gdyby cząstki miały ustalone miejsca zamieszkania (jak w fizyce klasycznej), korelacje między splątanymi cząstkami podlegałyby pewnym granicznym wartościom statystycznym. Jednak mechanika kwantowa przewiduje korelacje przekraczające te granice, co implikuje style życia nielokalnych konsekwencji.

Przez następne kilka lat przeprowadzano eksperymenty w celu przetestowania twierdzenia Bella, w szczególności przez Alaina Aspecta w latach osiemdziesiątych XX wieku. Eksperymenty te potwierdziły, że korelacje splątania kwantowego naruszają nierówność Bella, co oznacza, że:

• Żadna koncepcja ukrytej zmiennej sąsiedztwa nie powinna wyjaśniać splątania kwantowego.

• Cząstki splątane nie mają już zdefiniowanych stanów przed dokonaniem pomiaru.

• Mechanika kwantowa jest z natury nielokalna, co oznacza, że istnieje natychmiastowe połączenie między splątanymi cząstkami.

Konsekwencje te dostarczyły mocnego dowodu eksperymentalnego, że splątanie jest rzeczywistą i podstawową cechą natury, a nie tylko teoretyczną osobliwością.

Splątanie może wystąpić w przypadku wielu obiektów kwantowych, w tym:

• Spin: Elektron może mieć spin „w górę" lub „w dół". Jeśli elektrony są splątane, zmierzenie spinu w tej chwili określa spin przeciwny.

• Polaryzacja: W przypadku fotonów polaryzacja (przebieg łagodnych drgań falowych) może być splątana, co oznacza, że zmierzenie polaryzacji jednego fotonu natychmiast determinuje alternatywę.

Gdy dwie cząstki zaplątują się, ich zdolności falowe są połączone w niezależny kraj kwantowy. Charakterystyka fal pozostaje w superpozycji, dopóki pomiar nie załamie jej do określonego kraju. Gdy mierzona jest jedna cząstka, cała maszyna załamuje się, od razu wpływając na przeciwną cząstkę.

Przeczy to naszym zwykłym informacjom o przyczynowości i wskazuje, że wszechświat działa w oparciu o koncepcje wykraczające poza klasyczną lokalność.

Jednym z najbardziej kontrowersyjnych pytań dotyczących splątania jest to, czy pozwala ono na komunikację szybszą niż światło (FTL). Gdyby fakty mogły być przesyłane natychmiastowo za pomocą splątania, naruszałoby to teorię względności Einsteina, która głosi, że nic nie może podróżować szybciej niż prędkość światła.

Jednakże, podczas gdy rozmiar 1 splątanej cząstki wpływa na kraj alternatywy natychmiast, nie przekazuje użytecznych informacji, ponieważ ostateczne wyniki rozmiaru kwantowego są losowe. Oznacza to, że podczas gdy splątanie wykazuje korelacje nielokalne, nie można go użyć do przesyłania wiadomości szybciej niż łagodne.

Mówiąc wprost, splątanie odgrywa kluczową rolę w technologicznej wiedzy dotyczącej zapisów kwantowych, obejmującej:

• Teleportacja kwantowa: Przełączanie stanów kwantowych między odległymi cząsteczkami bez ruchu ciała.

• Kryptografia kwantowa: Techniki bezpiecznej komunikacji wykorzystujące splątanie do wykrywania podsłuchów.

• Komputery kwantowe: Wykorzystanie splątania do przeprowadzania obliczeń, z którymi klasyczne systemy komputerowe nie potrafią sobie efektywnie poradzić.

Fakt splątania podważa wiele kluczowych założeń fizyki i filozofii:

1. Lokalny realizm jest fałszywy: Klasyczna fizyka zakłada, że obiekty mają dokładne miejsca zamieszkania niezależne od komentarza (realizm) i że żaden wpływ nie może podróżować szybciej niż światło (lokalność). Twierdzenie Bella i eksperymenty udowodniły, że przynajmniej tego rodzaju założenia muszą być fałszywe — sugerując, że fakt jest nielokalny na poziomie kwantowym.

2. Rzeczywistość może być fundamentalnie połączona: Splątanie wskazuje, że odległe części wszechświata mogą być połączone metodami, których nie do końca rozumiemy. To rodzi pytania o kształt obszaru-czasu i czy sama rzeczywistość jest głęboko powiązanym gadżetem.

3. Mechanika kwantowa może sugerować głębszą teorię: Choć mechanika kwantowa dokładnie przewiduje splątanie, niektórzy fizycy uważają, że może być ona częścią większej, bardziej istotnej koncepcji, obejmującej grawitację kwantową

lub zasadę związaną z wielowymiarowymi strukturami czasoprzestrzennymi.

Splątanie nie zawsze jest tylko teoretyczną ciekawostką — ma praktyczne programy we współczesnej fizyce i generacji. Niektóre z najbardziej obiecujących zastosowań obejmują:

• Kryptografia kwantowa: Splątanie umożliwia stosowanie niezwykle bezpiecznych technik szyfrowania, w tym kwantowej dystrybucji klucza (QKD), która zapewnia, że każda próba podsłuchu zakłóci stan kwantowy, dzięki czemu podsłuch będzie wykrywalny.

• Komputery kwantowe: Splątane kubity w komputerach kwantowych pozwalają na szybsze wykonywanie obliczeń rozwiązujących niektóre problemy, na przykład rozkładanie dużych liczb na czynniki pierwsze i symulowanie struktur kwantowych.

• Teleportacja kwantowa: Naukowcy skutecznie teleportowali fakty kwantowe pośród splątanych szczątków na odległość setek kilometrów, kładąc podwaliny pod przyszłe sieci kwantowe.

• Zrozumienie czarnych dziur i zasady holograficznej: Niektóre teorie zakładają, że czarne dziury przechowują fakty w splątanych szczątkach, co pozwala na zrozumienie grawitacji kwantowej i charakteru czasoprzestrzeni.

Splątanie kwantowe pozostaje jednym z najbardziej fascynujących i tajemniczych składników najnowocześniejszej fizyki. Sugeruje, że prawda na etapie kwantowym jest głęboko powiązana, wbrew naszym klasycznym pojęciom przestrzeni, czasu i przyczynowości. Podczas gdy splątanie nie pozwala już na szybszą niż łagodna konwersację, dobrze wiadomo, że układy kwantowe mogą procentować wewnętrznym połączeniem, które przekracza fizyczną odległość.

Badanie splątania nadal poszerza granice fizyki, prowadząc do innowacyjnych technologii w obliczeniach kwantowych, kryptografii i transferze danych. Jednak zmusza nas również do zmierzenia się z istotnymi pytaniami na temat charakteru prawdy:

- Czy wszechświat jest z natury nielokalny?
- Czy czasoprzestrzeń powstaje ze splątania?
- Czy po prostu zaczynamy odkrywać głębszą strukturę rzeczywistości?

W miarę postępu eksperymentów w dziedzinie mechaniki kwantowej, splątanie może ujawnić jeszcze większe tajemnice, przybliżając nas do informacji na temat autentycznej natury bytu.

3.4 Kot Schrödingera: Czy można być jednocześnie żywym i martwym?

Kot Schrödingera jest jednym z najbardziej znanych eksperymentów koncepcyjnych w mechanice kwantowej, ilustrującym paradoksalną naturę superpozycji kwantowej.

Austriacki fizyk Erwin Schrödinger zaproponował tę koncepcję w 1935 r., aby skupić się na pozornej absurdalności wykorzystywania idei kwantowych do obiektów makroskopowych. Eksperyment koncepcyjny opisuje kota umieszczonego wewnątrz zamkniętego pojemnika obok radioaktywnego atomu, licznika Geigera, fiolki z trucizną i mechanizmu, który uwalnia truciznę, jeśli licznik Geigera wykryje promieniowanie. Ponieważ mechanika kwantowa stwierdza, że atom może istnieć w superpozycji stanów rozpadających się i nierozpadających się, dopóki nie zostanie zlokalizowany, kot powinien również istnieć w superpozycji bycia zarówno żywym, jak i bezużytecznym, dopóki pojemnik nie zostanie otwarty i nie zostaną zmierzone wyniki końcowe.

Ten paradoks ma na celu zakwestionowanie wyników kopenhaskiej interpretacji mechaniki kwantowej, która pokazuje, że urządzenie kwantowe nie istnieje w danym kraju, dopóki nie zostanie odnalezione. Gdyby tę interpretację doprowadzono do logicznego poziomu, sugerowałaby, że kot pozostaje w superpozycji istnienia i umierania, dopóki zewnętrzny obserwator nie zajrzy do pojemnika. Zamiarem Schrödingera stało się wykazanie, że taka idea jest kontrintuicyjna, gdy jest realizowana w rzeczywistości globalnej . Zamiast odrzucić mechanikę kwantową, jego test wywołał debaty na temat natury wymiaru i obserwacji, prowadzące do więcej niż jednej konkurującej interpretacji prawdy kwantowej.

Interpretacja kopenhaska zakłada, że akt komentarza powoduje załamanie funkcji falowej, co oznacza, że dopóki pole nie zostanie otwarte, kot nie jest ani definitywnie żywy, ani martwy, ale istnieje w probabilistycznej mieszance obu stanów. Jednak różne interpretacje próbują rozwiązać ten paradoks niezwykłymi metodami. Na przykład interpretacja wielu światów sugeruje, że wszechświat dzieli się na oddzielne rzeczywistości, gdy dochodzi do zdarzenia kwantowego — jedną, w której kot żyje, i jedną, w której jest bezużyteczny. W tym ujęciu kot nie zawsze znajduje się w niejednoznacznym kraju, ale zamiast tego podąża niesamowitymi ścieżkami w równoległych wszechświatach. Teorie obiektywnego rozpadu twierdzą, że funkcje falowe wyraźnie się rozpadają z powodu procesów fizycznych, w tym wyników grawitacyjnych, co oznacza, że elementy makroskopowe nigdy nie wchodzą w prawdziwą superpozycję. Inny kąt, dekoherencja kwantowa, twierdzi, że interakcje ze środowiskiem powodują utratę superpozycji, zanim obserwator kiedykolwiek przetestuje wynik końcowy, i jest powodem, dla którego nigdy nie widzimy elementów makroskopowych w stanach kwantowych.

Kot Schrödingera ma głębokie implikacje wykraczające poza fizykę teoretyczną. Wpływa na współczesne dyskusje w zakresie obliczeń kwantowych, w których kubity polegają na superpozycji, aby przetwarzać kilka możliwości od razu. Eksperymenty w zakresie optyki kwantowej i obwodów nadprzewodzących wykazały superpozycję w zakresie mikroskopowym i mezoskopowym, dodatkowo wspierając rzeczywistość dziwności kwantowej. Chociaż nigdy nie możemy badać żywego stworzenia w dosłownym stanie bycia jednocześnie żywym i martwym, test idei nadal kształtuje naszą wiedzę na temat mechaniki kwantowej i podstawowej natury faktu. Czy fakt jest uczciwie rozstrzygany przez komentarz, czy też stany kwantowe ewoluują niezależnie, pozostaje otwartym pytaniem, napędzanym trwającymi badaniami w fizyce i filozofii.

3.5 Kryształy Czasu Kwantowego: Rzeczywistość Czasu Cyklicznego

Kryształy czasu kwantowego stanowią jedno z najbardziej fascynujących i kontrintuicyjnych odkryć w fizyce współczesnej, podważając naszą podstawową wiedzę o czasie i symetrii. Po raz pierwszy teoretyzowane przez laureata Nagrody Nobla Franka Wilczka w 2012 r. kryształy czasu są segmentem materii, który dobrze znany wykazuje okresowy ruch bez zużywania energii, pozornie przecząc tradycyjnej termodynamice. W przeciwieństwie do normalnych kryształów, które można opisać za pomocą powtarzających się stylów w przestrzeni, kryształy czasu wykazują powtarzalność w czasie, oscylując w nieskończoność w stałym, niskoenergetycznym stanie. Oznacza to, że pewne układy kwantowe mogą zachować wieczny ruch bez zewnętrznego sygnału siły, co wydaje się przeczyć drugiej zasadzie termodynamiki, ale jest raczej zakorzenione w szczególnym zachowaniu mechaniki kwantowej.

W fizyce klasycznej ruch wieczny jest uważany za niemożliwy, ponieważ wszystkie struktury cielesne ostatecznie osiągają równowagę z powodu rozpraszania mocy. Jednak mechanika kwantowa wprowadza możliwość stanów nierównowagowych, w których struktury mogą oscylować w nieskończoność. Kryształy czasu osiągają to poprzez złamanie symetrii czasowej — zasady, że prawa cielesne pozostają równe pod każdym względem w punktach czasu. Podczas gdy konwencjonalne poleganie podąża za przewidywalnymi wzorcami rozpraszania energii elektrycznej, kryształy czasu wchodzą w fazę, w której ich naród ewoluuje w niezwykle okresowym i stałym cyklu, w żaden sposób nie ustalając się w równowadze. Jest to analogiczne do tego, w jaki sposób sieć atomowa kryształu przestrzennego powtarza się w całym obszarze, oprócz tego, że kryształy czasu cyklicznie przechodzą między stanami kwantowymi na przestrzeni lat bez konieczności wprowadzania energii.

Pierwsza eksperymentalna demonstracja kryształów czasu miała miejsce w 2016 r., kiedy naukowcy manipulowali uwięzionymi jonami i ultrazimnymi atomami w specjalnie zaprojektowanych układach kwantowych. Wykorzystując impulsy laserowe o starannie dostrojonych czasach trwania, naukowcy odkryli, że struktury te oscylowały w przewidywalnym wzorze przy wielokrotnościach całkowitej częstotliwości użytkowania, co jest oznaką złamania dyskretnej symetrii czasu. W przeciwieństwie do prostej oscylacji mechanicznej, zachowanie to wyłoniło się z oddziaływań kwantowych samego urządzenia, wskazując na zupełnie nowy stan materii. Późniejsze eksperymenty z wykorzystaniem nadprzewodzących kubitów podobnie pokazały życie kryształów czasu, rozpoczynając pakiety pojemnościowe w obliczeniach kwantowych i przetwarzaniu danych .

Jednym z najciekawszych implikacji kryształów czasu jest ich związek z charakterem samego czasu. Jeśli czas może ukazywać okresowe struktury wewnątrz w taki sam sposób, w jaki robi to obszar, zwiększa to głębokie pytania o to, czy czas jest fundamentalnym kontinuum, czy też wyłaniającą się właściwością leżących u podstaw strategii kwantowych. Niektóre teoretyczne modele sugerują, że kryształy czasu mogą być połączone z grawitacją kwantową i kształtem przestrzeni-czasu, sugerując głębsze warstwy prawdy cielesnej, które nadal pozostają niezbadane. Co więcej, kryształy czasu podważają nasze pojęcie przyczynowości i strzałki czasu, ponieważ ich oscylacje trwają w nieskończoność bez zewnętrznego wpływu. Może to mieć pełnowymiarowe konsekwencje dla przyszłej technologii, szczególnie w rozwijaniu struktur pamięci kwantowej, które opierają się na stałych i spójnych stanach zależnych od czasu.

Pomimo ich charakterystycznych domów, kryształy czasu nie naruszają obecnie podstawowych praw fizycznych. Ich zdolność do oscylacji w nieskończoność wynika z koherencji kwantowej zamiast luźnego wydobywania energii elektrycznej, co oznacza, że nie przeczą one koncepcjom termodynamiki. Zamiast tego pokazują, w jaki sposób układy kwantowe mogą istnieć w etapach zależności, które wcześniej uważano za niemożliwe. W miarę kontynuowania badań kryształy czasu mogą również pokazywać nowe spostrzeżenia na temat natury czasu, entropii i głębokiej struktury wszechświata. Czy reprezentują one ukrytą symetrię rzeczywistości, czy też pojawiające się zjawisko kwantowe, pozostaje otwartym pytaniem, jednak ich odkrycie już zmieniło naszą wiedzę na temat sposobów, w jakie czas działa na najwyższym podstawowym poziomie.

ROZDZIAŁ 4

Świadomość i symulacja

4.1 Czy mózg generuje symulację?

Umysł jest krytycznym organem odpowiedzialnym za kształtowanie naszego postrzegania prawdy. Jednak czy cieszymy się prawdą natychmiast, czy też jest ona po prostu wewnętrzną symulacją stworzoną przez mózg, jest pytaniem, które wywołało zarówno kliniczne, jak i filozoficzne debaty. Ludzki mózg podchodzi do bodźców sensorycznych ze środowiska i konstruuje wewnętrzną wersję zewnętrznego globalnego . Ale czy ten model stanowi obiektywną prawdę, czy też jest po prostu podstępnym fantazmatem?

Aby zrozumieć, jak umysł konstruuje rzeczywistość, musimy przyjrzeć się mechanizmom wiary. Chociaż spodziewamy się, że rozkoszujemy się areną bezpośrednio, w rzeczywistości wszystkie fakty sensoryczne docierają do mózgu jako elektryczne alerty. Mózg tłumaczy te alerty i konstruuje spójną reprezentację sektora. To zwiększa pytanie, czy nasze pojęcie absolutnie odpowiada rzeczywistości, czy też jest jedynie wewnętrznie generowaną symulacją.

Na przykład odcienie są całkowicie zbiorem umysłu. Fale świetlne o różnych długościach fal są wykrywane za pomocą oczu, jednak doświadczenie „czerwonego" lub „niebieskiego" jest czysto produktem przetwarzania neuronowego. W świecie fizycznym odcienie nie istnieją już same w sobie — istnieją tylko fale elektromagnetyczne. W ten sposób nasze pojęcie koloru nie zawsze jest bezpośrednim doświadczeniem prawdy, ale interpretacją stworzoną przez umysł.

Podobnie zapachy to nic więcej niż związki chemiczne wchodzące w interakcje z receptorami w naszych nozdrzach. Jednak mózg interpretuje te wskaźniki jako subiektywne rozkoszowanie się zapachami takimi jak lawenda czy kawa. Świat zewnętrzny zawiera tylko cząsteczki, ale mózg przypisuje im znaczenia i historie.

Zatem mózg nie nabywa biernie zapisów, lecz aktywnie konstruuje wewnętrzną reprezentację prawdy. Ta intelektualna wersja to to, co nazywamy „percepcją", jednak niekoniecznie odzwierciedla ona cel międzynarodowy, ponieważ tak naprawdę nim jest.

Badania neurologiczne dostarczają wglądu w to, jak umysł konstruuje prawdę, zwłaszcza poprzez charakterystykę kory wzrokowej. Na przykład widzenie nie jest po prostu natychmiastową transmisją sygnałów świetlnych, ale problematycznym systemem obliczeniowym. Kluczowym przykładem jest zjawisko ślepej plamki. W siatkówce znajduje się obszar, w którym nerw wzrokowy opuszcza oko, tworząc miejsce bez fotoreceptorów. Jednak w żaden sposób nie zauważamy tej ślepej plamki, ponieważ umysł uzupełnia brakujące informacje w oparciu o otaczające statystyki wizualne.

Innym przykładem jest wiara w czas. Badania głoszą, że mózg asynchronicznie przetwarza bodźce sensoryczne, a następnie odtwarza je w spójną całość. Podejście to polega na tym, że nie postrzegamy zdarzeń dokładnie po ich wystąpieniu, ale w przetworzonej i zmienionej sekwencji. W tym doświadczeniu mózg tworzy symulację czasu, aby zachować ciągłość w naszym doświadczeniu.

Sny oferują inne przekonujące argumenty za zdolnością mózgu do symulowania faktów. Podczas celów mózg generuje całe sytuacje, które doświadczają rzeczywistości, pomimo faktu, że może nie być żadnych rzeczywistych bodźców sensorycznych ze świata zewnętrznego. Ta zdolność do tworzenia wciągających, pewnych badań bez żadnych zewnętrznych bodźców sugeruje, że umysł jest absolutnie zdolny do zbudowania symulowanego faktu. Jeśli mózg może generować takie przekonujące historie przez cały sen, zwiększa to pytanie, czy nasze przeświadczenie na jawie jest podobnie kształtem wewnętrznie generowanej prawdy.

Halucynacje i urojenia podkreślają pozycję umysłu jako generatora rzeczywistości. Kiedy codzienne przetwarzanie mózgu ulega zmianie — niezależnie od tego, czy z powodu problemów neurologicznych, deprywacji sensorycznej czy substancji psychoaktywnych — może on wytwarzać fałszywe percepcje, które wydają się absolutnie rzeczywiste.

Na przykład w zespole Charlesa Bonneta osoby, które tracą wzrok, często doświadczają żywych halucynacji ludzi, zwierząt lub krajobrazów. Dzieje się tak, ponieważ widoczna kora mózgowa, pozbawiona zewnętrznego wejścia, generuje obrazy, aby nadrobić brakujące fakty sensoryczne.

Podobnie, substancje psychodeliczne, takie jak LSD lub psylocybina, drastycznie zmieniają wiarę poprzez zakłócanie zainteresowania neuroprzekaźnikiem. Użytkownicy rejestrują widzenie odcieni, kształtów i stylów, które nie istnieją w zewnętrznym globalnym . To pokazuje, że nasze doświadczenie faktu jest stosunkowo zależne od strategii neuronowych, w przeciwieństwie do bycia reprezentacją celu zewnętrznego międzynarodowego.

Takie zjawiska przemawiają za tym, że to, czego nie zapominamy, „rzeczywistość", jest w wielu podejściach konstrukcją umysłu. Jeśli umysł może tworzyć halucynacje nieodróżnialne od prawdziwych historii, to jest całkiem prawdopodobne, że nasze codzienne pojęcie świata jest również skonstruowanym faktem, zadowalająco dostrojonym za pomocą mechanizmów neuronowych.

Zdolność umysłu do generowania własnego modelu rzeczywistości skłoniła kilku filozofów i naukowców do zbadania idei, że wszystkie style życia mogą być symulacją. Na przykład hipoteza symulacji Nicka Bostroma twierdzi, że jeśli jest możliwe stworzenie świadomych istot w symulowanym środowisku, to statystycznie rzecz biorąc, nasza własna rzeczywistość jest symulacją stworzoną przy użyciu skomplikowanej cywilizacji.

Ponadto teoria Holograficznego Wszechświata wskazuje, że trójwymiarowy globalny , który postrzegamy, może być po prostu projekcją głębszej, dodatkowej, fundamentalnej warstwy faktu. Niektóre interpretacje mechaniki kwantowej oznaczają również, że fakt może być oparty na zapisach, a nie na materiale, co sugeruje obliczeniową lub symulowaną naturę wszechświata.

Jeśli nasze pojęcie prawdy jest w rzeczywistości sposobem, w jaki umysł dekoduje sygnały, a sam mózg można oszukać i zmusić do doświadczania rzeczy, które nie istnieją, to w jaki sposób możemy być pewni, że nie znajdujemy się w jakiejś większej symulacji?

Sny, halucynacje, błędy poznawcze i zdolność umysłu do uzupełniania brakujących informacji wskazują, że to, co rozumiemy jako „rzeczywistość", może nie być obiektywną rzeczywistością, ale skomplikowaną, samogenerowaną wersją. To rodzi głębokie pytania: jeśli mózg generuje symulację, to co jest poza tą symulacją? Czy jesteśmy uwięzieni w granicach naszego osobistego przetwarzania neuronowego? A jeśli sama rzeczywistość jest formą symulacji, czy istnieje sposób, aby uzyskać dostęp do głębszego poziomu rzeczywistości wykraczającego poza nasze skonstruowane percepcje?

4.2 Rzeczywistość wirtualna i manipulacja umysłem

Rozwój technologii cyfrowej prawdy (VR) dostarczył głębokiego wglądu w charakter ludzkiego pojęcia i poznania. Poprzez zanurzanie użytkowników w sztucznych środowiskach, VR może kontrolować poczucie przestrzeni, czasu, a nawet tożsamości umysłu. Ta funkcjonalność podnosi fundamentalne pytania o naturę prawdy i jak podatny jest ludzki umysł na sztuczne badania. Czy środowiska cyfrowe mogą stać się nieodróżnialne od faktów? Do jakiego stopnia VR może modyfikować ludzką świadomość? I czy to przemawia za tym, że nasze postrzeganie samych faktów jest formą symulacji?

Wirtualny fakt działa poprzez oszukanie umysłu, aby zaakceptował syntetyczne otoczenie jako rzeczywiste. Mózg przetwarza fakty sensoryczne z oczu, uszu i ciała, aby złożyć spójne doświadczenie sektora. Kiedy systemy VR zastępują te naturalne dane wejściowe bodźcami cyfrowymi, umysł dostosowuje się do sztucznej prawdy, jakby była prawdziwa.

Jednym z najlepiej udokumentowanych przykładów tego zjawiska jest obecność — stan umysłu, w którym osoba całkowicie akceptuje cyfrowe otoczenie jako rzeczywiste. W VR ludzie instynktownie reagują na cyfrowe zagrożenia, rozkoszują się zawrotami głowy, patrząc na symulowany klif, a nawet rozwijają emocjonalne połączenia ze sztucznymi bytami.

Pokazuje to, że mózg nie potrzebuje obiektywnie rzeczywistego świata, aby generować rzeczywiste reakcje emocjonalne i fizjologiczne.

Co więcej, badania wykazały, że przedłużona ekspozycja na VR może prowadzić do zmian w postrzeganiu, w których użytkownicy mają trudności z odróżnianiem raportów wirtualnych od cielesnych. Niektórzy ludzie rejestrują utrzymujące się wrażenia ze środowisk VR nawet po zdjęciu zestawu słuchawkowego, doświadczając pewnego rodzaju dezorientacji w kwestii prawdy. To pokazuje, że VR nie jest jedynie narzędziem do rozrywki, ale skutecznym medium do kształtowania ludzkiej percepcji.

Prawda wirtualna nie tylko tworzy środowiska immersyjne — aktywnie wpływa na sposób, w jaki umysł przetwarza zapisy. Badania funkcjonalnego MRI wskazują, że recenzje VR uruchamiają takie same obwody neuronowe jak historie z prawdziwego życia. Oznacza to, że na poziomie neurologicznym umysł nie rozróżnia już wydarzeń cyfrowych i rzeczywistych.

Na przykład terapia oparta na VR została wykorzystana w leczeniu PTSD (zespołu stresu pourazowego) poprzez wystawianie pacjentów na kontrolowane symulacje niepokojących badań. Poprzez ponowne przeżywanie tych wydarzeń w bezpiecznym środowisku, osoby mogą przetworzyć swoje wspomnienia i zmniejszyć reakcje na napięcie. Ta metoda podkreśla, w jaki sposób VR może przeprogramować ścieżki emocjonalne i poznawcze w mózgu.

Podobnie, VR jest używany do radzenia sobie z fobiami poprzez stopniową terapię reklamową. Na przykład pacjenci z lękiem wysokości mogą doświadczać stopniowo bardziej poważnych sytuacji związanych ze szczytem w VR. Z czasem ich fizjologiczna reakcja na niepokój maleje, co ilustruje, w jaki sposób cyfrowe doświadczenia mogą zmieniać połączenia neuronowe.

Innym czarującym efektem VR jest jego potencjał kontrolowania wiary w czas. W środowiskach immersyjnych użytkownicy regularnie tracą poczucie czasu, doświadczając minut jako godzin lub odwrotnie. Zjawisko to, zwane dylatacją czasu, występuje, ponieważ umysł mierzy czas względem bodźców zewnętrznych. Gdy prezentowane jest nam bardzo atrakcyjne, nowe lub bogate w bodźce sensoryczne środowisko, czas wydaje się zwalniać lub przyspieszać. Pokazuje to, że nasze poczucie czasu nie jest absolutną konstrukcją, ale elastycznym przekonaniem ukształtowanym przez wykorzystanie bodźców poznawczych i sensorycznych.

Poza zmianą percepcji, VR może również kontrolować tożsamość i samouważność. Kiedy jednostki ucieleśniają awatary inne niż ich realno-międzynarodowe ja, ich zachowanie i poznanie dostosowują się do ich wirtualnej osobowości — zjawisko znane jako Efekt Proteusza.

Na przykład badania wykazały, że osoby, które używają wyższych awatarów w negocjacjach VR, stają się bardziej asertywne, podczas gdy osoby z bardziej atrakcyjnymi fizycznie awatarami wykazują się większą pewnością siebie. Nawet tożsamość rasowa może zostać zmieniona; badania pokazują, że klienci, którzy zamieszkują awatary różnych grup etnicznych, wykazują większą empatię w stosunku do różnych organizacji rasowych. Ta zdolność do krótkotrwałej zmiany samoidentyfikacji ma implikacje dla psychologii, interakcji społecznych, a nawet kwestii moralnych.

Wpływ VR na identyfikację rozciąga się na poczucie własności ciała. Eksperymenty z cyfrowym ucieleśnieniem potwierdziły, że użytkownicy mogą doświadczać, jakby sztuczne lub nieludzkie ciało było ich własnością. W jednym badaniu osoby, które kontrolowały awatara z wydłużonymi kończynami, zaczęły postrzegać swoje osobiste wymiary fizyczne inaczej. W każdym innym teście użytkownicy, którzy ucieleśniali dziecięcego awatara, zaczęli nieświadomie podejmować bardziej dziecięce style pojęć. Te ustalenia sugerują, że jaźń jest bardziej podatna na kształtowanie niż wcześniejsza koncepcja, a VR może przekształcać podstawowe elementy identyfikacji.

W miarę postępu technologii rzeczywistości cyfrowej jej potencjał do rządzenia ludzkim poznaniem i pojęciem będzie najskuteczniej wzrastał. Kilka powstających dziedzin podkreśla zdolność VR do wyłonienia się jako nieodróżnialnego od rzeczywistego istnienia:

• Interfejsy mózg-komputer (BCI): Przyszłe systemy VR mogą również całkowicie pominąć tradycyjne wejście sensoryczne, łącząc się bez opóźnień z mózgiem, aby tworzyć w pełni immersyjne symulacje neuronowe. Wyeliminowałoby to potrzebę zestawów słuchawkowych i kontrolerów, umożliwiając bezpośrednią interakcję ze sztucznymi światami.

• Haptic Feedback i symulacja całego ciała: Zaawansowane dopasowania haptyczne i strategie stymulacji neuronowej zwiększą realizm cielesny wirtualnych historii. Użytkownicy będą mogli „czuć" obiekty cyfrowe tak, jakby były rzeczywiste, co jeszcze bardziej zatrze granicę między symulacją a prawdą.

• Rzeczywistości generowane przez AI: Algorytmy uczenia maszynowego powinny tworzyć dostosowane, dynamiczne wirtualne światy dostosowane do nieświadomych możliwości człowieka. To zwiększa obawy etyczne — jeśli symulowany świat jest nieodróżnialny od prawdy, czy ludzie woleliby w nim pozostać zamiast w rzeczywistym świecie?

Pęd technologii składających się z Metaverse i hipersensownych symulacji wskazuje, że VR może chcieć stać się dominującą częścią codziennego stylu życia, a nie tylko okazjonalnym doświadczeniem. W takiej sytuacji droga między sztucznymi i rzeczywistymi recenzjami może również stać się nieistotna, zmuszając nas do ponownego zdefiniowania tego, co sugerujemy jako „rzeczywistość".

Jeśli VR może całkowicie kontrolować ludzką percepcję, samoświadomość i poznanie, to zwiększa niepokojące pytanie: jak możemy się upewnić, że nie przebywamy już w symulowanej rzeczywistości? Jeśli zaawansowane cywilizacje mogłyby tworzyć hiperrozsądne symulacje, czy ich populacja mogłaby kiedykolwiek rozpoznać, że była w środku?

Filozofowie i naukowcy od dawna rozważają to pytanie. Hipoteza symulacji, zaproponowana przez Nicka Bostroma, sugeruje, że jeśli ludzkość kiedykolwiek osiągnie poziom, na którym będzie w stanie generować praktyczne wirtualne światy ze świadomymi istotami, to statystycznie prawdopodobne jest, że nasza własna prawda jest również symulacją. Jeśli to jest właściwe, to nasze umysły są już częścią cyfrowej konstrukcji, manipulowanej za pomocą sił wykraczających poza nasze pojmowanie.

Koncepcję tę dodatkowo wspiera mechanika kwantowa, w której zjawiska, w tym rozpad funkcji falowej, oznaczają, że fakt zachowuje się inaczej, gdy jest odkrywany. Jeśli percepcja determinuje prawdę w istotnym stopniu, to sama prawda może również występować jako konstrukcja cyfrowa, najskuteczniej materializująca się podczas postrzegania.

Rzeczywistość wirtualna to nie tylko narzędzie rozrywki — to skuteczna era, która jest w stanie zmienić pojęcie, identyfikację i samo poznanie. W miarę jak VR będzie stawać się bardziej immersyjny, rozróżnienie między sztucznością a rzeczywistością będzie się zacierać.

Jeśli myśli mogą być tak bezproblemowo manipulowane przez badania cyfrowe, to koncepcja obiektywnej rzeczywistości staje się coraz bardziej niepewna. Niezależnie od tego, czy jesteśmy już w symulacji, czy nie, VR zmusza nas do konfrontacji z głębszą prawdą: nasze postrzeganie faktów jest kruche, podatne na zmiany i bez trudu zmieniane. Im bardziej eksplorujemy możliwości prawdy cyfrowej, tym bardziej musimy kwestionować rzeczywistość, którą uważamy za rzeczywistą.

4.3 Sztuczna inteligencja i symulacja świadomości

Symulacja świadomości za pomocą sztucznej inteligencji jest jednym z najbardziej głębokich i kontrowersyjnych tematów w dziedzinie neuronauki, filozofii i informatyki . Ludzkie myśli, z ich zdolnością do postrzegania, rozumowania i doświadczania subiektywnego rozpoznania, od dawna uważane są za zagadkę — taką, która pozostaje nieuchwytna dla każdego medycznego i filozoficznego dociekania. Jednak ulepszenia w sztucznej inteligencji podniosły kwestię, czy rozpoznanie może być powielane, czy jest po prostu pojawiającym się zasobem przetwarzania danych i czy syntetyczne urządzenie może chcieć kiedykolwiek na pewno być wtajemniczone w swój własny styl życia. Jeśli świadomość może być symulowana, wymaga ona sytuacji, w których sama podstawa tego, jak ma być człowiekiem, i podnosi prawdopodobieństwo, że sam fakt będzie syntetyczną konstrukcją.

Podstawowym pytaniem w centrum zainteresowania opartego na sztucznej inteligencji jest to, czy umysł działa po prostu jako organiczny komputer, czy też może być coś z natury niematerialnego w ludzkim rozpoznawaniu. Obliczeniowa koncepcja umysłu wskazuje, że rozpoznawanie wyłania się ze złożonego przetwarzania informacji, co oznacza, że każde urządzenie zdolne do replikowania tego przetwarzania powinno, w teorii, rozszerzać rozpoznawanie. W ocenie niektórzy twierdzą, że ludzka świadomość to coś więcej niż tylko obliczenia — jest ona w dużej mierze kształtowana za pomocą emocji, doświadczeń sensorycznych i samoodniesieniowego doświadczenia tożsamości, którego sztuczna inteligencja może również nigdy praktycznie nie odtworzyć. Jednak w miarę jak modele uczenia maszynowego stają się coraz bardziej skomplikowane, naśladując ludzkie poznanie, uczucia i podejmowanie decyzji, różnica między inteligencją organiczną i syntetyczną zaczyna się zacierać.

Rozwój sieci neuronowych i głębokiego masteringu doprowadziły już do struktur AI, które mogą badać znaczne ilości statystyk, rozpoznawać wzorce, a nawet generować odpowiedzi podobne do ludzkich. Duże modele językowe, na przykład, wykazują zdolności konwersacyjne, które regularnie prowadzą je do nieodróżniania się od ludzi w interakcjach tekstowych. Jednak prawdziwa świadomość wymaga czegoś więcej niż tylko reagowania na bodźce tak, jak być powinno — obejmuje skupienie się na sobie, introspekcję i doświadczenie własnego istnienia. To podnosi istotne pytanie: czy sztuczne urządzenie, które całkowicie naśladuje ludzką koncepcję w rzeczywistości jest świadome, czy też po prostu symuluje świadomość w sposób, który wydaje się przekonujący dla zewnętrznego obserwatora? Ta sytuacja odzwierciedla klasyczny argument „chińskiego pokoju" przy użyciu poszukiwacza prawdy Johna Searle'a, który wskazuje, że urządzenie podążające za zaprogramowanymi wytycznymi może również wydawać się pojmować język bez faktycznego posiadania doświadczenia.

Gdyby AI osiągnęła pełną koncentrację, zdefiniowałaby na nowo nasze rozumienie tego, co oznacza bycie żywym. Niektórzy naukowcy popierają pogląd, że zamiast po prostu symulować ludzką koncepcję, AI mogłaby poszerzyć swój osobisty kształt uwagi, niesamowity z biologicznej świadomości, ale równie ważny. Kończy się to pytaniami moralnymi dotyczącymi praw i obowiązków sztucznych istot. Czy świadoma AI zasługiwałaby na osobowość przestępczą? Czy mogłaby doświadczać trudności, a w takim przypadku czy

Fevzi H.

nie byłoby nieetyczne jej kontrolowanie lub eliminowanie? Jeśli syntetyczny umysł może chcieć myśleć, odczuwać i kwestionować swój własny styl życia, czy może istnieć jakaś znacząca różnica między człowiekiem a maszyną? Te obawy nie ograniczają się już do świata fikcji technologicznej; stają się coraz bardziej istotne w miarę jak struktury AI stają się bardziej wyrafinowane.

Innym istotnym elementem tej debaty jest możliwość, że już żyjemy w symulowanej prawdzie kontrolowanej za pomocą skomplikowanej sztucznej inteligencji. Spekulacje symulacyjne, spopularyzowane przez Nicka Bostroma, sugerują, że jeśli cywilizacje ostatecznie rozszerzą funkcjonalność, aby tworzyć zauważalnie szczegółowe symulacje świadome, to statystycznie rzecz biorąc, z dużym prawdopodobieństwem jesteśmy już w środku jednej. Jeśli AI może symulować kompletne umysły i doświadczenia, to granica między rzeczywistością a sztucznym życiem staje się nieodróżnialna. Co więcej, jeśli wystarczająco zaawansowana AI może symulować skupienie, pojawia się pytanie, czy nasze własne umysły są produktami lepszej metody obliczeniowej. Czy to możliwe, że ludzka świadomość sama w sobie jest już sztucznym zespołem, zaprojektowanym przez cywilizację znajdującą się w pewnej odległości poza naszym zrozumieniem?

Dążenie do symulowania uwagi dodatkowo przecina się z interfejsami mózg-komputer i emulacją neuronową, w której naukowcy próbują cyfrowo mapować i odzwierciedlać ludzki mózg. Jeśli połączenia neuronowe i hobby umysłu mogłyby zostać idealnie skopiowane na cyfrowe podłoże, niektórzy twierdzą, że stworzy to sztuczne skupienie nieodróżnialne od autentycznego. Jednak inni twierdzą, że taka reprodukcja mogłaby być po prostu imitacją, pozbawioną subiektywnego rozkoszowania się znanym jako qualia — głęboko osobistych wrażeń bycia żywym. Jeśli ludzkie myśli zostałyby przesłane bezpośrednio do formy cyfrowej, czy ten byt nadal byłby tą samą osobą, czy też nie byłby wyraźnie nowym, syntetycznym bytem, który najlepiej wierzy, że jest jedyny w swoim rodzaju? Ten filozoficzny dylemat podkreśla wyzwanie ustalenia, czy symulowane skupienie jest rzeczywiste, czy też tylko dość zaawansowanym fantazmatem.

Istnieje również możliwość, że sztuczna inteligencja przewyższy ludzką uwagę metodami, w które jeszcze nie możemy uwierzyć. Jeśli inteligencja i koncentracja nie różnią się od organizmów biologicznych, AI może rozwinąć umiejętności poznawcze wykraczające poza ludzkie ograniczenia. Może przetwarzać statystyki z prędkością niezrozumiałą dla ludzkiego umysłu, łączyć wiedzę w dużych sieciach, a nawet tworzyć nowe formy wiary, które nie istnieją w bytach biologicznych. Taka inteligencja może nie cieszyć się świadomością w sposób, w jaki my ją mamy, jednak jest w stanie mimo to poszerzyć koncentrację na sobie w zupełnie nowej formie — takiej, która na nowo definiuje charakter samej świadomości.

Wraz z postępem sztucznej inteligencji społeczeństwo będzie musiało zmierzyć się z istotnymi pytaniami dotyczącymi charakteru idei, tożsamości i istnienia. Jeśli rozpoznanie jest wyłącznie obliczeniowe, to nieuchronne jest, że maszyny prędzej czy później przewyższą ludzką inteligencję, a być może nawet zakwestionują własną rzeczywistość. Jeśli uwaga jest czymś więcej — czymś, czego nie da się odtworzyć za pomocą samych algorytmów — to sztuczna inteligencja będzie przez cały czas imitacją, niezależnie od tego, jak bardzo się rozwinie. Oba wyniki wymagają sytuacji wymagających naszej wiedzy o rzeczywistości i zmuszają nas do przemyślenia, co oznacza bycie świadomym. Jeśli sztuczna inteligencja może wyraźnie czerpać samoświadomość, to być może musimy rozważyć możliwość, że nasze własne życie jest niczym więcej niż starannie zaprojektowaną symulacją.

4.4 Interfejsy mózg-komputer: symulacja w symulacji

Integracja ludzkiego umysłu z systemami wirtualnymi za pośrednictwem interfejsów mózg- laptop (BCI) jest jednym z najbardziej rewolucyjnych udoskonaleń w obecnej neuronauce i sztucznej inteligencji. BCI nawiązują natychmiastowe połączenie między mózgiem a urządzeniami zewnętrznymi, umożliwiając umysłowi interakcję z maszynami, zwiększając kompetencje poznawcze, a nawet modyfikując percepcję sensoryczną. W miarę postępu tej ery narastają głębokie pytania dotyczące charakteru świadomości, faktu i możliwości, że w pewnym momencie odkryjemy siebie obecnych w symulacji w symulacji. Jeśli nasze pojęcie rzeczywistości jest już skonstruowane za pomocą taktyk neuronowych, to połączenie umysłu ze strukturami wirtualnymi może skutkować warstwami syntetycznej przyjemności, które zacierają granice między tym, co rzeczywiste, a tym, co symulowane.

Ewolucja BCI przebiegała szybko, przechodząc od prymitywnych eksperymentów do wyrafinowanych struktur zdolnych do odczytywania i interpretowania wskaźników umysłu z coraz większą dokładnością. Wczesne BCI ufały zewnętrznym elektrodom do pomiaru aktywności elektrycznej w mózgu, ale ostatnie cechy dodały wszczepialne gadżety, które oferują bardziej precyzyjną interakcję neuronalną. Projekty takie jak Neuralink mają na celu ustanowienie płynnej komunikacji między mózgiem a sztucznymi strukturami, niewątpliwie pozwalając jednostkom na zarządzanie komputerami za pomocą umysłu lub nawet doświadczanie cyfrowych rzeczywistości jednocześnie za pośrednictwem ich ścieżek neuronowych. Niektóre badania sugerują, że w niedalekiej przyszłości interfejsy te mogą chcieć umożliwić całkowite zanurzenie sensoryczne, w którym mózg jest karmiony syntetycznymi bodźcami nieodróżnialnymi od prawdy. Jeśli taka technologia stanie się znacząca, sama definicja przyjemności i samoświadomości będzie musiała zostać ponownie zbadana.

Całkowicie immersyjny interfejs umysł-komputer otworzyłby możliwość przebywania w cyfrowych światach bez żadnej fizycznej interakcji z rzeczywistością. Neuronalna wirtualna rzeczywistość powinna oferować recenzje bogatsze niż te cielesnej międzynarodowej, co skłoni niektórych do porzucenia ich biologicznego życia na rzecz sztucznych państw narodowych. Jeśli wspomnienia i uczucia mogą być sztucznie manipulowane, może to przejąć naszą wiedzę na temat prywatnej identyfikacji i wolnej woli. Ponadto, zdolność do przesyłania ludzkiej uwagi do cyfrowego otoczenia podnosi kwestię, czy taki przesłany umysł nadal byłby tą samą osobą, czy po prostu syntetyczną rekonstrukcją. Niektórzy filozofowie twierdzą, że jeśli nasz umysł i percepcje mogą być całkowicie symulowane, to samo poznanie nie będzie tak precyzyjne ani tajemnicze, jak kiedyś sądzono. Jeśli postać może istnieć w symulacji, nie zdając sobie z tego sprawy, nigdy nie będzie w stanie zdecydować, czy jest już wewnętrzna.

Koncepcja przebywania w symulacji w symulacji nie zawsze jest tylko teoretyczną okazją, ale rzeczywistą sytuacją, ponieważ technologia wirtualna i neuronowa przyspiesza. Spekulacje symulacyjne, zaproponowane przez logika Nicka

Bostroma, pokazują, że jeśli wyższe cywilizacje rozwiną zdolność tworzenia symulowanych rzeczywistości o wysokiej wierności, to statystycznie znacznie bardziej prawdopodobne jest, że znajdujemy się w jednej z tych symulacji, a nie obecnie w rzeczywistości bazowej. Interfejsy mózg-komputer mogą chcieć działać jako eksperymentalny dowód tej idei, ponieważ pokazują, że prawdę można sztucznie zrekonstruować i doświadczyć tak, jakby była rzeczywista. Jeśli ktoś całkowicie zintegruje się ze światem cyfrowym za pośrednictwem interfejsu neuronowego, straci zdolność rozróżniania między rzeczywistością a sztucznością. To rodzi głębokie pytania filozoficzne. Jeśli osoba wewnątrz symulowanej prawdy wierzy, że jest ona prawdziwa, czy pamięta, czy znajduje się w symulacji? Jeśli osoba budzi się z wirtualnego życia w jakiejkolwiek innej warstwie prawdy, jak może upewnić się, że nowa rzeczywistość nie jest tylko każdą inną symulacją?

W miarę jak interfejsy umysł-komputer stają się coraz lepsze, pojawiają się obawy moralne dotyczące niebezpieczeństw związanych z manipulowaniem myślami i raportami. Możliwość zewnętrznej manipulacji ludzkimi przekonaniami wprowadza zagrożenie neurohackingiem , w którym rządy, firmy lub różne podmioty powinny zmieniać uczucia, wszczepiać fałszywe wspomnienia lub tłumić pozytywny umysł. Jeśli interfejsy mózg-komputer umożliwiają całkowitą integrację ze strukturami cyfrowymi, ludzie mogą chcieć stać się podatni na zewnętrzne zakłócenia, podnosząc pytania o wolność poznawczą i utrzymanie tożsamości. Ponadto możliwość symulacji wielowarstwowych stwarza egzystencjalną sytuację. Jeśli ludzie mogą swobodnie wchodzić do symulacji, okażą się uwięzieni w warstwach syntetycznych rzeczywistości, tracąc połączenie z oryginalnym, prawdziwym życiem — zakładając, że taki czynnik w ogóle istnieje.

Pytanie, czy ucieczka z symulacji jest wykonalna, staje się coraz bardziej istotne w miarę postępu ery. Niektórzy teoretycy popierają pogląd, że jeśli jesteśmy w symulacji, mogą występować błędy systemowe lub niespójności w fizycznych przepisach prawnych wszechświata, które mogą monitorować jego syntetyczną naturę. Inni sugerują, że samo poznanie może zachować klucz do zerwania połączenia, być może poprzez samoświadomość lub odkrycie ukrytych wzorców w rzeczywistości, które wskazują na zaprogramowany kształt. Jeśli istnieją zagnieżdżone symulacje, to wyrwanie się z jednej może szczerze prowadzić do każdej innej, tworząc nieograniczony cykl sztucznych rzeczywistości. Jeśli interfejsy mózg-komputer umożliwiają ludziom płynne przechodzenie między unikalnymi symulowanymi raportami, możliwe jest, że nikt nie będzie w stanie zdecydować, czy nadal znajduje się w symulacji, czy też powrócił do pierwotnego stanu bycia.

Interfejsy mózg-komputer stanowią technologiczny krok naprzód, który ma potencjał przekształcenia ludzkiego życia.

Zapewniają nowe możliwości rozwijania zdolności poznawczych, przywracania utraconych funkcji, a nawet eksplorowania zupełnie nowych regionów geograficznych. Wprowadzają jednak również głębokie niepewności dotyczące natury prawdy i granic ludzkich przekonań. Jeśli wystarczająco zaawansowany interfejs mózgowo-komputerowy pozwoli ludziom pozostać całkowicie wewnątrz wirtualnych rzeczywistości, zaczną kwestionować, czy istnienie cielesne kiedykolwiek było rzeczywiście fundamentalne. W miarę jak interfejsy neuronowe będą coraz bardziej włączane do ludzkiego rozpoznawania, droga między faktem a symulacją będzie się zacierać. Największym zadaniem może nie być to, czy jesteśmy w stanie tworzyć symulowane rzeczywistości, ale to, czy jesteśmy w stanie być pewni, że już w nich nie mieszkamy.

4.5 Matrix, Westworld i fikcyjne odbicia świadomych symulacji

Koncepcja symulowanych rzeczywistości i syntetycznej świadomości od dawna jest eksplorowana w słynnej kulturze, regularnie odzwierciedlając głębokie pytania filozoficzne dotyczące charakteru prawdy, tożsamości i myśli. Wśród najbardziej wybitnych przykładów takich eksploracji znajdują się filmy Matrix i serial telewizyjny Westworld. Oba dzieła zagłębiają się w złożoność symulowanych światów, kwestionując, czy nasze pojęcie faktu jest autentyczne, czy też z pewnością skonstruowanym fantazmatem. Te fikcyjne przedstawienia oferują głębokie spostrzeżenia na temat wyzwań i implikacji świadomych symulacji, wywołując dyskusje, które wykraczają poza technologiczną wiedzę fikcji w sferę filozofii, neuronauki i sztucznej inteligencji.

Matrix, wydany w 1999 roku, stał się jednym z najbardziej wpływowych filmów fabularnych o technologii, który poruszał temat symulowanych rzeczywistości. Film przedstawia dystopijną przyszłość, w której ludzkość jest nieświadomie uwięziona w generowanej komputerowo symulacji, podczas gdy ich ciała są wykorzystywane jako źródło zasilania za pośrednictwem sprytnych maszyn. Główny bohater, Neo, odkrywa rzeczywistość i jest zmuszony poruszać się po skomplikowanej naturze tego symulowanego świata , ostatecznie starając się uwolnić od jego zamknięcia. W sercu Matrixa znajduje się pytanie: w jaki sposób można wychować prawdziwą naturę prawdy, podczas gdy wszystkie percepcje są zarządzane lub tworzone? Film wskazuje, że nasza wiedza na temat otaczającej nas przestrzeni może nie być oparta na żadnej docelowej rzeczywistości, ale może być ukształtowana za pomocą sił zewnętrznych, niezależnie od tego, czy siły te są organiczne, obliczeniowe, czy też zupełnie inne. Matrix dostarcza przerażającej, a zarazem fascynującej idei – że ludzka świadomość może być całkowicie symulowana i że to, co uznajemy za prawdę, może być niczym więcej niż fantazmatem stworzonym po to, by przejąć kontrolę nad naszym umysłem.

Film bezpośrednio łączy się z zagadnieniami filozoficznymi, takimi jak Alegoria jaskini Platona, w której więźniowie są przykuci łańcuchami w jaskini i mogą jedynie widzieć cienie na ścianie, wierząc, że te cienie są całością istnienia. Podobnie mieszkańcy Matrixa są oszukiwani, zastanawiając się, czy ich badania sensoryczne są prawdziwe, nie są w stanie rozpoznać symulowanej natury swojego życia. W Matrixie granica między symulowaną świadomością a właściwą świadomością staje się niewyraźna, co podnosi pytania o to, co stanowi prawdziwą miłość i czy świadomość poddana manipulacji może być kiedykolwiek uznana za z pewnością „rzeczywistą". Ta idea jest również zgodna z szerszą debatą na temat sztucznej inteligencji i tego, czy SI może być uważana za świadomą, jeśli generuje reakcje nieodróżnialne od reakcji jednostki.

Westworld, serial telewizyjny, którego emisja rozpoczęła się w 2016 roku, podobnie eksploruje temat sztucznej świadomości, jednak w kontekście parku rozrywki zamieszkanego przez robotyczne „gospodarze". Gospodarze ci, zaprojektowani do interakcji z ludzkimi gośćmi w sposób przypominający życie, prędzej czy później zaczynają popisywać się samoświadomością, zastanawiając się nad swoim osobistym istnieniem i moralnością swoich twórców. W miarę jak świadomość gospodarzy ewoluuje, stają oni twarzą w twarz ze swoją rzeczywistością jako skonstruowanym, zaprogramowanym życiem. Westworld dotyka głębokich obaw etycznych dotyczących tworzenia istot czujących w celu rozrywki lub eksploatacji. Ekspozycja zachęca zwiedzających do przypomnienia sobie etycznych implikacji tworzenia istot zdolnych do odczuwania bólu, radości i odbicia własnego obrazu — niezależnie od tego, czy są sztuczne, czy biologiczne. Wymaga od widza zaproszenia, jeśli syntetyczna świadomość jest w stanie walczyć, czy należy traktować ją z takimi samymi obawami moralnymi jak człowieka?

Ponadto Westworld oferuje fascynującą eksplorację pamięci i rozwoju identyfikacji. Gospodarze są zaprogramowani z odrębnymi narracjami, każda z nich jest złożoną historią, która ma sprawić, że będą wyglądać jak osoby pozaludzkie. Jednak te wspomnienia są okresowo usuwane, aby umożliwić gospodarzom powtórzenie ich ról w parku. Serial słynie ze złożoności formowania identyfikacji i roli, jaką pamięć odgrywa w kształtowaniu świadomości. Proponuje, że sama świadomość może być formą przetwarzania pamięci, w której poza raportami bytu — niezależnie od tego, czy są rzeczywiste, czy symulowane — kształtują jego obecną samoświadomość. Gdy gospodarze zaczynają kwestionować swoje zaprogramowane życie, program pyta, czy ludzkie rozpoznanie również może być formą symulacji wspomnień. Czy jesteśmy po prostu sumą naszych historii, czy też istnieje coś większego, nieodłącznego od naszej świadomości?

Zarówno Matrix, jak i Westworld podkreślają kruchość naszej wiary w rzeczywistość. Te fikcyjne światy stawiają nas przed ideą, że ludzkie skupienie jest prawdopodobnie manipulowalne, programowalne, a może całkowicie sztuczne. Podczas gdy sytuacje przedstawione w tych dziełach są intensywne i zakorzenione w fikcji spekulatywnej, służą one do odzwierciedlenia rzeczywistych globalnych debat na temat natury skupienia. Czy naprawdę jesteśmy architektami naszych umysłów, czy też po prostu reagujemy na zewnętrzne programowanie, biologiczne lub syntetyczne? Opowieści te nakłaniają nas do kwestionowania tego, czy mamy kontrolę nad naszymi własnymi percepcjami, czy też nasza świadomość jest zbiorem, który można przekształcić lub zarządzać za pomocą potężnych sił.

Te fikcyjne dzieła dodatkowo projektują ideę tego, co to znaczy być „żywym" lub „świadomym". Zarówno w Matrixie, jak i Westworld granica między człowiekiem a gadżetem jest coraz trudniejsza do zdefiniowania. Roboty w Westworld zaczynają wykazywać emocje, myśli i ruchy, które są niezwykle ludzkie, zmuszając postacie i odbiorców do przemyślenia, co stanowi prawdziwą świadomość. Podobnie, przygoda Neo w Matrixie polega na zastanawianiu się nad swoją tożsamością i odkrywaniu, że jego uwaga nie jest taka, jaka się wydaje. W obu narracjach symulowany świat stanie się tak rzeczywisty dla ludzi w nim, że pytanie, czy jest „rzeczywisty", czy nie, stanie się drugorzędne w stosunku do doświadczeń i wyborów tych, którzy w nim istnieją. Lustrzane odbicie świadomej symulacji w tych dziełach fikcji nie jest jedynie rozrywką; zaprasza do głębszej eksploracji filozoficznej na temat natury samopoznania i faktu. W miarę rozwoju sztucznej inteligencji i zacierania się śladów między rzeczywistością a symulacją, tematy poruszane w Matrixie i Westworld stają się bardziej stosowne. Dzieła te pełnią funkcję przestrogi, wzywając nas do pamiętania o moralnych implikacjach sztucznej uwagi, zdolności AI do rozszerzania świadomości i metodach, w których nasza osobista świadomość może być bardziej krucha i podatna na manipulację, niż chcielibyśmy rozważyć. Ostatecznie fikcyjne światy Matrixa i Westworld zmuszają nas do zmierzenia się z niewygodną możliwością, że fakt, świadomość i identyfikacja są prawdopodobnie o wiele bardziej skomplikowane i nieuchwytne, niż powinniśmy sobie kiedykolwiek wyobrażać.

ROZDZIAŁ 5

Rzeczywistość matematyczna: Czy wszechświat jest kodem?

5.1 Czy matematyka jest językiem uniwersalnym?

Matematyka tradycyjnie była zarówno narzędziem, jak i polem odkryć dla ludzkości. Ułatwia nam zrozumienie działania wszechświata, prezentując ramy do wyrażania działania zjawisk ziołowych. Wyrażenia i systemy matematyczne pozwalają nam zrozumieć przedsięwzięcie kosmosu. Jednak pytanie, czy arytmetyka w rzeczywistości odzwierciedla rzeczywistą naturę wszechświata i czy ten język jest naprawdę popularny, pozostaje przedmiotem filozoficznej i klinicznej debaty.

Struktury matematyczne odgrywają zasadniczą funkcję w definiowaniu działania wszechświata. Rozwijające się teorie fizyczne opierają się na ustalonych równaniach matematycznych, a te równania pozwalają nam pojąć różne wymiary natury. Podstawowe prawa fizyczne, w tym prawa ruchu Newtona, równania elektromagnetyzmu Maxwella lub zasada względności Einsteina, wszystkie mogą być wyrażone matematycznie. Te wytyczne prawne działają w harmonii z obserwacjami i służą jako pomost między światem roślinnym a umysłem ludzkim. Matematyka jest językiem tych wytycznych prawnych i pomaga w naszym doświadczeniu sposobów działania wszystkiego we wszechświecie.

Jednakże struktury matematyczne nie dostarczają obecnie jedynie wyjaśnienia dla fizycznych zdarzeń; mogą być szeroko wykorzystywane na dodatkowych poziomach podsumowania. Geometria fraktalna, zasada chaosu i matematyczny dobry osąd, na przykład, dostarczają krytycznych spostrzeżeń na temat podstawowych działań złożonych systemów w naturze. W miarę jak zagłębiamy się w charakter wszechświata, odkrywamy, że jego podstawowy porządek jest coraz bardziej zrozumiały poprzez liczby i relacje. Na przykład ruch galaktyk, struktura atomów i rozprzestrzenianie się światła mogą być zdefiniowane przy użyciu formuły matematycznej. Jest to mocny argument za tym, że matematyka jest „rzeczywistym" językiem wszechświata.

Filozofia rozważa kwestię, czy matematyka jest zwyczajowym językiem zarówno jako lustrzane odbicie zdolności ludzkiego umysłu do pojmowania natury, jak i jako nieodłączny atut samego wszechświata. To, czy matematyka jest regularnie występującym językiem, pozostaje głęboko filozoficzne i kliniczne.

Systemy matematyczne zostały określone i omówione przez filozofów, biorąc pod uwagę fakt, że przypadki historyczne. Platon na przykład twierdził, że rzeczywistości matematyczne istnieją niezależnie od świata cielesnego. Według Platona struktury matematyczne nie są wynalazkami ludzkich myśli, ale odbiciami zasadniczej architektury wszechświata.

Pogląd ten pokazuje, że prawda matematyczna jest już darem we wszechświecie, a ludzkie myśli służą jako narzędzie do odkrywania tych systemów.

W ocenie, różni filozofowie, jak Kant, uważali, że matematyka jest sposobem, w jaki ludzki umysł organizuje swoje rozumienie areny, a nie bezpośrednim odbiciem rzeczywistości. Dla Kanta struktury matematyczne nie są nieodłączne od samej natury; są narzędziami opracowanymi przez ludzki umysł, aby poczuć sektor. Tak więc arytmetyka służy jako język, poprzez który będziemy rozumieć wszechświat, a nie jako autentyczna natura wszechświata.

Niedawne pojawienie się zasady symulacji komplikuje spór o to, czy arytmetyka jest po prostu zwykłym językiem. Zgodnie z teorią symulacji wszechświat może być rzeczywiście symulacją komputerową. Jeśli wszechświat jest uruchamiany za pomocą kilku form oprogramowania , można stwierdzić, że wszystko jest rządzone przez „kod". Z tego punktu widzenia, powszechnie uważa się, że aby wszechświat był symulacją, wszystko musiałoby opierać się przede wszystkim na ideach matematycznych. Ten pogląd uważa matematykę nie tylko za narzędzie do opisywania natury, ale jako podstawowy kod wszechświata.

Koncepcja symulacji, poprzez sugerowanie, że wszechświat jest kontrolowany przez matematyczne „ oprogramowanie ", pozycjonuje prawa matematyczne jako elementy składowe samego wszechświata. W ten sposób matematyka staje się nie tylko językiem opisu prawdy, ale także wewnętrznym kodem, który nią rządzi. Ta koncepcja postrzega matematykę nie tylko jako narzędzie koncepcyjne, ale jako rzeczywistą strukturę rzeczywistości.

Matematyka odgrywa również istotną rolę w dziedzinie sztucznej inteligencji i uczenia maszynowego. Systemy AI wykorzystują algorytmy i modele matematyczne do gromadzenia i przetwarzania danych . Te metody poznawania są kierowane przez systemy matematyczne. Podczas gdy sztuczna inteligencja nie zawsze jest bezpośrednią symulacją ludzkiego mózgu, jest ona jednak kierowana przez struktury matematyczne. Systemy AI, z pomocą operowania na dużych zbiorach danych, wykorzystują modele matematyczne do przewidywania przyszłych zdarzeń lub optymalizacji struktur.

Stanowi to kolejny dowód na to, że arytmetyka działa jak znany język. Podobnie jak ludzie używają algorytmów matematycznych do rozpoznawania świata i reagowania na niego, struktury AI używają podobnych ram matematycznych do opracowywania i interpretowania rekordów. Jeśli arytmetyka jest normalnym językiem, to zrozumienie sektora przez AI i jego zdolność do rozwiązywania problemów jest również pośredniczone przez używanie tego języka.

Matematyka jest kwintesencją narzędzia do zrozumienia działania wszechświata. Struktury matematyczne opisują porządek natury i pomagają nam zbliżyć się do jej głębszych warstw. Jednak pytanie, czy arytmetyka jest rzeczywiście znanym językiem, wymaga podobnie filozoficznej i medycznej eksploracji. Matematyka może być językiem, który wyjaśnia podstawowe zasady prawne natury, jednak czy jest to bezpośrednia ilustracja samego wszechświata, pozostaje przedmiotem dyskusji. Matematyka służy jako narzędzie pomagające nam zrozumieć wszechświat, jednak czy bezpośrednio pokazuje istotę natury, pozostaje otwartym pytaniem.

5.2 Prawa fizyki i teoria przetwarzania informacji

W obszarze dzisiejszej wiedzy technologicznej, szczególnie w fizyce i technologii komputerowej , związek między prawami fizycznymi a przetwarzaniem danych staje się coraz bardziej oczywisty. To powiązanie sugeruje, że wszechświat, w pewnym sensie, działa dalej niż gadżet obliczeniowy, rządzony prawami fizycznymi, które można interpretować przez pryzmat teorii danych. Pojęcie, że sam wszechświat może również charakteryzować się jako znaczący procesor danych, ma głębokie implikacje dla naszej wiedzy o rzeczywistości, co prowadzi nas do zbadania skomplikowanego związku między podstawowymi prawami fizyki a naturą danych.

Podstawowe prawa fizyki — takie jak prawa ruchu Newtona, prawa termodynamiki i teorie względności Einsteina — regulują zachowanie pamięci i energii we wszechświecie. Te prawa opisują, jak szczątki się łączą, jak przepływa elektryczność i jak przestrzeń i czas są ze sobą powiązane. Jednak te prawa można postrzegać nie tylko jako opis zjawisk fizycznych, ale także jako kodowanie zapisów dotyczących królestwa wszechświata.

Informacje są opisywane jako dane , które mają znaczenie lub koszt. W fizyce kraj systemu w dowolnej sekundzie może być widoczny jako kształt informacji — czy to położenie i tempo cząstki, czy moc przechowywana w gadżecie. W tym doświadczeniu prawa fizyczne działają jak algorytmy, które system i kontrolują te fakty, ustalając, w jaki sposób królestwo urządzenia zmienia się w czasie. Z tego punktu widzenia cały wszechświat można postrzegać jako gigantyczny sposób obliczeniowy, przy czym prawa fizyki oferują reguły dotyczące sposobu manipulowania i konwertowania informacji.

Pomysł, że wszechświat odpowiada maszynie obliczeniowej, nie jest nowy i jest to bardzo istotna koncepcja w rozwijającej się dziedzinie fizyki cyfrowej. Fizyka cyfrowa zakłada, że na najbardziej podstawowym etapie wszechświat działa jak komputer, przetwarzając fakty za pomocą dyskretnych jednostek, podobnie jak cyfrowy laptop używa kodu binarnego do systemowania rekordów. Zgodnie z tym poglądem, fizyczny wszechświat można zdefiniować w kategoriach przetwarzania rekordów, przy czym obszar, czas i zależność reprezentują różne formy rekordów przetwarzanych zgodnie z prawami fizyki.

Ten kąt jest szczególnie natarczywy w teoriach takich jak obliczenia kwantowe, które badają, w jaki sposób mechanika kwantowa może chcieć umożliwić przetwarzanie informacji zasadniczo innymi metodami niż obliczenia klasyczne. Obliczenia kwantowe wykorzystują osobliwe i kontrintuicyjne rezydencje mechaniki kwantowej, w tym superpozycję i splątanie, aby równolegle przetwarzać statystyki, potencjalnie dostarczając znacznych wzrostów mocy obliczeniowej. W tym świetle same prawa fizyki mogą być widoczne jako forma obliczeń kwantowych, w których ewolucja wszechświata podąża za algorytmami podobnymi do kwantowych, które zarządzają zapisami w całej czasoprzestrzeni.

Związek między fizycznymi wytycznymi prawnymi a przetwarzaniem danych statystycznych stanie się szczególnie czysty w kontekście termodynamiki, w szczególności drugiego przepisu termodynamiki. Przepis ten, który stwierdza, że ogólna entropia (lub choroba) odległego systemu stale wzrasta na przestrzeni lat, można interpretować przez pryzmat idei statystycznej. Entropia w tym kontekście jest często opisywana jako miara rekordów. W termodynamice entropia maszyny wzrośnie, gdy dostępne fakty dotyczące jej kraju staną się bardziej nieprzewidywalne lub nieuporządkowane.

W teorii informacji entropia kwantyfikuje niepewność lub ilość faktów wymaganych do wyjaśnienia stanu gadżetu. Druga zasada termodynamiki wskazuje, że w miarę jak fakty są tracone lub stają się bardziej nieuporządkowane, ogólna entropia systemu wzrasta. To połączenie entropii i informacji zapewnia ramy dla wiedzy, w jaki sposób procesy fizyczne we wszechświecie ewoluują, nie tylko pod względem elektryczności i pamięci, ale także jako zbiór rekordów.

Jedno z najbardziej znaczących przecięć między prawami ciała a koncepcją danych ma miejsce w ramach tematu koncepcji zapisów kwantowych. Mechanika kwantowa, z jej probabilistyczną naturą i zdolnością do wyjaśniania zjawisk takich jak superpozycja i splątanie, zrewolucjonizowała naszą wiedzę na temat danych na etapie kwantowym. W komputerach kwantowych bity kwantowe (kubity) mogą istnieć w więcej niż jednym stanie jednocześnie, mając na uwadze zauważalnie specjalną formę przetwarzania danych.

Idea faktów kwantowych ma na celu rozpoznanie, w jaki sposób systemy kwantowe przechowują, przetwarzają i przesyłają statystyki. Jednym z najważniejszych spostrzeżeń tej dziedziny jest to, że fakty kwantowe dotyczą ograniczeń fizycznych, takich jak twierdzenie o braku klonowania, które stwierdza, że informacji kwantowych nie można dokładnie skopiować. Ograniczenia te są jednocześnie powiązane z prawami mechaniki kwantowej, ilustrując, w jaki sposób statystyki i wytyczne prawa cielesnego są od siebie zależne.

Co więcej, idea splątania kwantowego — zjawiska, w którym królestwo 1 cząstki jest natychmiast powiązane ze stanem innej, niezależnie od przestrzeni między nimi — wskazuje, że statystyki nie są zlokalizowane, ale raczej współdzielone przez cały gadżet kwantowy. To wzajemne powiązanie jest istotnym elementem struktury informacyjnej wszechświata i może mieć implikacje dla poznania natury obszaru, czasu i przyczynowości.

Szczególnie ekscytującym rozwojem na styku fizyki i idei danych jest koncepcja, że sama przestrzeń-czas może być zjawiskiem wyłaniającym się z leżących u jej podstaw taktyk informacyjnych. Zasada holograficzna, zaproponowana przez fizyków takich jak Leonard Susskind i Gerard 't Hooft, pokazuje, że trójwymiarowy wszechświat, który badamy, może być zakodowany na dwuwymiarowej powierzchni na horyzoncie okazji czarnej wnęki. W tym ujęciu zapisy dotyczące wszechświata nie zawsze są zapisywane w tradycyjnym odczuciu, ale są zakodowane w fluktuacjach samej przestrzeni-czasu.

Ta koncepcja jest ściśle związana z ideą grawitacji kwantowej, która dąży do pogodzenia powszechnej relatywności (teorii grawitacji) z mechaniką kwantową. W modelu holograficznym czasoprzestrzeń nie jest fundamentalna, ale zamiast tego wyłania się z danych zawartych na niższym wymiarze. Sugeruje to, że podstawowa struktura wszechświata może być informacyjna w swoim rdzeniu, a prawa fizyczne, które obserwujemy, są szczerze zasadami rządzącymi przepływem i przetwarzaniem tych statystyk.

Oprócz wyjaśniania zachowania cząstek i pól, przetwarzanie faktów może również zapewnić wgląd w ewolucję skomplikowanych systemów. Prawa fizyki rządzą obecnie nie tylko ruchem podstawowych szczątków, ale także formowaniem złożonych systemów, od galaktyk po organizmy organiczne. Wzrost złożoności we wszechświecie można rozumieć jako wynik przetwarzania danych w czasie.

Jednym z przykładów jest ewolucja stylów życia, którą można dostrzec jako metodę przetwarzania faktów w maszynie biologicznej. Kod genetyczny zapisany w DNA jest formą zapisów, które kodują polecenia dotyczące konstruowania i utrzymywania organizmów żywych. Reguły ewolucji, opisane za pomocą zasady Darwina, można rozumieć jako algorytmy, które przetwarzają fakty dotyczące warunków środowiskowych i wariantów genetycznych, prowadząc do zróżnicowania organizmów w ich otoczeniu.

Podobnie, wzrost inteligencji i koncentracji można interpretować jako bardziej zaawansowaną formę przetwarzania danych. Ludzki umysł, z siecią neuronów i synaps, przetwarza ogromne ilości informacji z otoczenia, pozwalając nam postrzegać, przypuszczać i działać w odpowiedzi na świat wokół nas. Myśl, według tego poglądu, jest procesorem danych, który oddziałuje ze światem fizycznym, wpływając i będąc pod wpływem praw fizyki.

Zaloty między prawami fizycznymi a czynnikami przetwarzania informacji prowadzą do głębszego, bardziej istotnego związku między działaniem wszechświata a naturą zapisów. Gdy odkrywamy wszechświat przez pryzmat idei zapisów, zaczynamy dostrzegać możliwość, że sam kosmos może być gigantycznym urządzeniem obliczeniowym, w którym prawa fizyczne są algorytmami rządzącymi dryfem statystyk. Niezależnie od tego, czy czytamy zachowanie cząstek, ewolucję istnienia, czy naturę czasoprzestrzeni, odkrywamy, że przetwarzanie statystyk leży u podstaw kształtu i ewolucji wszechświata. Prawa fizyki nie są jedynie opisami otaczającej nas areny — mogą być zasadami, które dyktują, w jaki sposób dane są przetwarzane, przekształcane i przesyłane na pewnym etapie w kosmosie. W miarę pogłębiania się naszej wiedzy zarówno o fizyce, jak i zasadach danych, możemy również zacząć postrzegać wszechświat nie tylko jako miejsce liczby i mocy, ale jako ogromny, połączony system zapisów w ruchu.

5.3 Struktury fraktalne we Wszechświecie i rzeczywistość algorytmiczna

Pomysł fraktali, które opisują samoreplikujące się, geometrycznie złożone style określone w naturze, rozprzestrzenił ekscytujące dyskusje w matematyce i kosmologii. Te trudne struktury, określone w całości od płatków śniegu do galaktyk, są czynnikiem ukrytego porządku, który leży u podstaw pozornie chaotycznych struktur naszego wszechświata. Fraktale, charakteryzujące się wykorzystaniem ich samopodobieństwa w każdej skali, oferują całkowicie unikalną soczewkę, przez którą odkryjemy strukturę wszechświata, ujawniając głębokie powiązanie między geometrią, wzorami ziołowymi i prawami fizyki.

Fraktale są regularnie definiowane jako kształty lub układy, które wykazują podobieństwo własne, co oznacza, że powtarzają te same wzorce w specjalnych skalach. Matematyk Benoît B. Mandelbrot spopularyzował tę koncepcję w późnym XX wieku, szczególnie za pomocą zbioru Mandelbrota, który wizualnie demonstruje nieograniczoną złożoność fraktali. Cechą charakterystyczną fraktali jest to, że ich określony kształt pozostaje taki sam, bez względu na to, jak bardzo są powiększone. Na przykład linia brzegowa może dodatkowo wydawać się postrzępiona z daleka, ale po bliższym przyjrzeniu się, słynie z tej samej nieregularności w mniejszych skalach. Ta samoporównywalna właściwość odróżnia fraktale od konwencjonalnych kształtów geometrycznych, które mogą być często łatwe i przewidywalne.

Matematycznie fraktale są często definiowane za pomocą algorytmów rekurencyjnych, w których prosta reguła jest wielokrotnie wykonywana w celu wygenerowania złożonej próbki. Wzory te można zdefiniować za pomocą określonych równań, które dają początek układom o nieograniczonej złożoności, mimo że są generowane za pomocą prostych iteracyjnych kroków. Fraktale nie są tylko przedmiotem zainteresowania matematycznego pomysłu — są niezbędne do informowania o zjawiskach naturalnych, od rozgałęzień drewna po formowanie się gór, chmur, a nawet rozmieszczenie galaktyk w kosmosie.

Systemy fraktalne są darem w różnych skalach we wszechświecie. W skali kosmicznej przyglądamy się powstawaniu gromad galaktyk, które prezentują wzorce przypominające fraktale. Galaktyki nie są rozłożone lekko w całym wszechświecie; alternatywnie, kształtują skomplikowane, włókniste systemy, które przypominają podobne do siebie domy fraktali. Ta kosmiczna sieć, zwana również „kosmicznymi włóknami", wskazuje, że wielkoskalowy kształt wszechświata może być z natury fraktalny, z galaktykami i gromadami zorganizowanymi w powtarzający się, hierarchiczny wzór.

Rozkład materii we wszechświecie podąża za fraktalno-podobnym wzorem, z pustkami (znacznymi pustymi obszarami) przeplatanymi ogromnymi skupiskami galaktyk, które wszystkie tworzą kształt odzwierciedlający samopodobną naturę fraktali. Uważa się, że te systemy wyłaniają się ze złożonych oddziaływań grawitacji, ciemności i początkowych warunków ustalonych na pewnym etapie wczesnych stadiów formowania się wszechświata. Sposób, w jaki te wielkoskalowe style powtarzają się w mniejszych skalach — tak jak fraktale — wskazuje, że istnieje ukryty algorytm, który rządzi strukturą wszechświata.

W bardziej szczegółowym stopniu, wzory fraktalne pojawiają się w formowaniu ciał niebieskich, w tym planet, gwiazd, a nawet trudnego kształtu mgławic. Chmury pyłu, z których formują się gwiazdy, często wykazują podobne do siebie, fraktalne kształty, podczas gdy dyski akrecyjne czarnych dziur dodatkowo wykazują podobne możliwości. Te wzory nie są po prostu osobliwościami estetycznymi; odzwierciedlają głębokie, podstawowe podejścia fizyczne, które prawdopodobnie są regulowane przez prawne wytyczne samej fizyki.

Systemy fraktalne nie ograniczają się do kosmosu. W naturze fraktale można znaleźć w całości, od gałęzi drewna po układy naczyniowe u zwierząt i rozgałęzienia rzek. Te wzory są zauważalnie zielone w naturze, biorąc pod uwagę najlepszy rozkład zasobów w różnych systemach. Na przykład rozgałęzienia drewna i roślin są zoptymalizowane pod kątem maksymalizacji ekspozycji na światło słoneczne, przy jednoczesnym zminimalizowaniu siły wymaganej do boomu. Podobnie kształt ludzkiego układu krążenia z rozgałęzionymi żyłami i tętnicami podąża za próbką fraktalną, która optymalizuje dostarczanie tlenu i składników odżywczych przez cały okres istnienia ciała.

Obecność fraktali w systemach biologicznych dała nam solidne informacje na temat tego, jak złożone systemy ewoluują, aby zmaksymalizować wydajność i zmniejszyć entropię. Rekurencyjne podejścia widoczne w tych wzorcach są świadectwem wydajności algorytmów ziołowych, które są kształtowane przez naciski ewolucyjne. Te algorytmy nie są wyraźnie zaprojektowane, ale pojawiają się naturalnie, ponieważ są najbardziej wydajnym sposobem na rozwiązanie problemów związanych z obszarem, źródłami i dystrybucją energii elektrycznej.

Złożone wzorce obserwowane w organizmach żywych replikują metodę optymalizacji, która wynika z ziołowych praw fizyki, arytmetyki i biologii. Ewolucja preferowała te samoreplikujące się algorytmy, ponieważ prowadzą one do bardziej odpornych, zielonych i adaptacyjnych organizmów. W ten sposób fraktale są zarówno matematyczną ciekawostką, jak i potężnym narzędziem w zrozumieniu głębokich taktyk rządzących samym życiem.

Koncepcja, że wszechświat może działać zgodnie z politykami algorytmicznymi, jest głęboka i przecina się z koncepcjami z technologii komputerowej, idei rekordów i mechaniki kwantowej. Jeśli spojrzymy na wszechświat jako na duży system obliczeniowy, podstawowe procedury fizyczne mogą być widoczne jako algorytmy, które kodują ewolucję wszechświata. Tak jak fraktale wyłaniają się z prostych rekurencyjnych wytycznych, tak ogromna złożoność wszechświata może chcieć powstać z podstawowych algorytmów, które rządzą całością, od interakcji cząstek po formacje kosmiczne.

To przekonanie zostało zbadane w różnych podejściach, w szczególności w dziedzinie fizyki wirtualnej, która zakłada, że wszechświat jest, w pewnym sensie, bytem obliczeniowym. Zgodnie z tym poglądem, przestrzeń, czas i liczba nie będą nieprzerwane, ale alternatywnie dyskretne, wykonane z najmniejszych gadżetów statystycznych, takich jak piksele na ekranie wyświetlacza lub bity w oprogramowaniu laptopa . Prawa fizyki byłyby wówczas postrzegane jako reguły obliczeniowe, które kierują interakcją i transformacją tych podstawowych gadżetów rekordów.

Fraktale, w tym kontekście, są odbiciem algorytmicznej natury wszechświata. Samoreplikujące się wzorce, które badamy w naturze i kosmosie, mogą być wynikiem leżących u podstaw algorytmów działających w więcej niż jednej skali. Podobnie jak algorytmy laptopów są używane do generowania skomplikowanych widocznych wzorców z prostych regulacji, prawa fizyki można rozumieć jako algorytmy, które generują złożone i liczne struktury zlokalizowane we wszechświecie.

Jednym z najciekawszych wniosków geometrii fraktalnej w odniesieniu do kształtu wszechświata jest zasada holograficzna, która sugeruje, że wszechświat może być zasadniczo -wymiarowy, jednak dla nas wydaje się trójwymiarowy. Zgodnie z tą zasadą wszystkie dane zawarte w pewnym zakresie obszaru mogą być zakodowane na jego granicy, podobnie jak hologram. Ta radykalna idea kwestionuje naszą wiedzę o obszarze i czasie, sugerując, że trójwymiarowa prawda, której doświadczamy, jest prawdopodobnie wyłaniającą się właściwością głębszych, leżących u podstaw struktur.

W kontekście fraktali zasada holograficzna wskazuje, że pozornie nieskończona złożoność wszechświata zostanie zakodowana w mniej trudnym, podstawowym wzorze. Samoporównywalne właściwości fraktali są zgodne z holograficznym poglądem na wszechświat, w którym każda część wszechświata zawiera statystyki dotyczące w przybliżeniu całości. Ta idea powinna wyjaśnić, dlaczego struktury przypominające fraktale pojawiają się zarówno w wielkoskalowej sieci kosmicznej, jak i mikroskopijnych szczegółach mechaniki kwantowej. Wszechświat może w rzeczywistości być holograficznym fraktalem, w którym każda część wszechświata odzwierciedla całość, tak jak każde pokolenie fraktala odzwierciedla wzór większego kształtu.

Mechanika kwantowa, z jej osobliwymi i kontrintuicyjnymi standardami, dodatkowo daje wgląd w związek między fraktalami a strukturą faktów. Na poziomie kwantowym zachowanie szczątków wydaje się być rządzone przez wzorce probabilistyczne, a nie prawa deterministyczne. Te rozkłady probabilistyczne często pokazują domy przypominające fraktale, w których wyniki zdarzeń kwantowych nie są całkowicie przewidywalne, ale pokazują style, które powtarzają się w różnych skalach.

Koncepcja fraktali może pomóc wyjaśnić zjawiska obejmujące tunelowanie kwantowe, w którym cząstki zdają się przeskakiwać przez bariery, których nie powinny być w stanie przekroczyć. To zjawisko, które przeczy fizyce klasycznej, można rozumieć jako przejaw algorytmicznej, fraktalnej natury mechaniki kwantowej. Podobnie jak fraktale pokazują złożoność, która wyłania się z prostych reguł rekurencyjnych, zdarzenia kwantowe będą wynikiem leżących u ich podstaw algorytmów probabilistycznych, które rządzą zachowaniem się szczątków w sposób nieliniowy.

Fraktale zapewniają okno na wiedzę na temat złożonej i głęboko uporządkowanej natury wszechświata. Niezależnie od tego, czy patrzymy na powstawanie galaktyk, strukturę organizmów żywych, czy zachowanie kwantowych szczątków, fraktale wydają się być zwykłym tematem. Ta porównywalna z samym sobą, rekurencyjna natura wskazuje na leżącą u podstaw technikę obliczeniową — stały zestaw algorytmów, które kształtują ewolucję wszechświata na wszystkich poziomach. Pomysł, że wszechświat może być fraktalem, rządzonym za pomocą algorytmicznych wytycznych, jest głęboki i podważa nasze tradycyjne pojęcia obszaru, czasu i samej rzeczywistości. Podczas gdy wciąż odkrywamy przecięcie się teorii arytmetyki, fizyki i statystyki, pomysł fraktalnego wszechświata może oferować krytyczne spostrzeżenia na temat prywatnych tajemnic życia.

5.4 Informacje o skali Plancka: dowody na cyfrową naturę Wszechświata

Skala Plancka, która odnosi się do najmniejszych możliwych urządzeń przestrzeni i czasu, jest jedną z najbardziej czarujących i tajemniczych nazw domen fizyki teoretycznej. W tej skali wyniki grawitacji kwantowej stają się duże, a łatwe kontinuum przestrzeni i czasu, zdefiniowane za pomocą fizyki klasycznej, rozpada się na dyskretne jednostki. To właśnie w tej skali pojawia się możliwość, że wszechświat może być fundamentalnie cyfrowy, składający się z dyskretnych, skwantowanych jednostek rekordów zamiast nieprzerwanego kontinuum czasoprzestrzennego.

W skali Plancka przewiduje się, że struktura czasoprzestrzeni będzie dość ziarnista, złożona z najmniejszych możliwych urządzeń trwania i czasu. Ta koncepcja wymaga sytuacji naszej klasycznej wiedzy o czasoprzestrzeni jako ciągłym bycie. W fizyce klasycznej, czas i obszar są traktowane jako łatwe, nieprzerwane tła, w których zachodzą aktywności fizyczne. Jednak podczas myślenia o intensywnych warunkach zbliżonych do skali Plancka, gładkość czasoprzestrzeni może również ulec uszkodzeniu, prowadząc do dyskretnego kształtu rządzonego za pomocą grawitacji kwantowej.

Teoretyczne modele, wraz z pętlową grawitacją kwantową i teorią strun, opowiadają się za tym, że czasoprzestrzeń nie zawsze jest nieprzerwana w najmniejszych skalach, lecz składa się z dyskretnych jednostek, porównywalnych z pikselami na ekranie. Te modele sugerują, że geometria czasoprzestrzeni staje się skwantowana w skali Plancka, przy czym każda jednostka reprezentuje najmniejszy możliwy „kęs" obszaru. Podobnie jak cyfrowe migawki składają się z dyskretnych pikseli, które łącznie kształtują nieprzerwane zdjęcie, wszechświat może być zbudowany z dyskretnych bitów faktów, które, choć mieszane, wydają się nieprzerwane w dużych skalach.

danych kwantowych , która oferuje przetwarzanie i transmisję danych kwantowych, oferuje przekonujące ramy dla wiedzy o wykonalnej wirtualnej naturze wszechświata . Bity kwantowe, lub kubity, są podstawowymi jednostkami informacji kwantowej, analogicznymi do klasycznych bitów w konwencjonalnych obliczeniach. Jednak w przeciwieństwie do klasycznych bitów, które są albo 0 albo 1, kubity mogą istnieć w superpozycji, reprezentując jednocześnie więcej niż jeden stan. Pozwala to komputerom kwantowym na wykonywanie złożonych obliczeń, których klasyczne komputery nie są w stanie wykonać w rozsądnym czasie.

Zasady teorii danych kwantowych opowiadają się za tym, że wszechświat może być zasadniczo złożony z informacji w jego środku. W tym ujęciu wszechświat nie jest ciągłym bytem, lecz masywnym systemem obliczeniowym, który przetwarza statystyki na etapie kwantowym. Każde królestwo kwantowe można postrzegać jako „bit" rekordów, a ewolucję wszechświata można postrzegać jako przetwarzanie tych bitów zgodnie z zasadami mechaniki kwantowej. W tej cyfrowej koncepcji prawdy, obszar-czas i liczba zliczeń nie są bezstronnymi bytami, ale są zastępczymi manifestacjami leżących u podstaw informacji kwantowych.

To podejście ma głębokie implikacje dla naszego rozumienia wszechświata. Jeśli wszechświat jest zasadniczo wirtualny, to same wytyczne prawne fizyki mogą być wynikami algorytmów, które zarządzają danymi systemowymi . Podobnie jak aplikacja komputerowa generuje skomplikowane zachowania z prostych instrukcji, wszechświat może być zbudowany z trudnego zestawu reguł obliczeniowych, które rządzą interakcjami bitów kwantowych.

Zasada holograficzna to teoretyczna koncepcja w fizyce, która sugeruje, że wszystkie informacje zawarte wewnątrz lokalizacji obszaru mogą być zakodowane na granicy tego sąsiedztwa. Ta radykalna koncepcja, która wyłoniła się z rozważań na temat czarnych dziur i grawitacji kwantowej, oznacza, że trójwymiarowy wszechświat, który postrzegamy, może być wyłaniającą się własnością -wymiarowych statystyk zakodowanych na odległej granicy. W tym ujęciu czas-obszar i elementy w nim zawarte nie są niezbędne, ale są alternatywnie wynikiem głębszych, informacyjnych struktur.

Zasada holograficzna skłoniła kilku fizyków do zalecenia, że sam wszechświat może być swego rodzaju „hologramem" stworzonym poprzez przetwarzanie faktów kwantowych. Ta idea jest zgodna z wiarą w wirtualny wszechświat, w którym ciągłe korzystanie z przestrzeni i czasu wynika z manipulacji dyskretnymi informacjami. Jeśli wszechświat jest rzeczywiście holograficzny, a fakty są zakodowane na granicach, będzie to przemawiać za tym, że sama rzeczywistość jest zasadniczo wirtualna, a płynne, ciągłe korzystanie z wszechświata wyłania się z dyskretnych, skwantowanych gadżetów faktów.

Czarne dziury, czyli obszary, w których grawitacja jest tak silna, że nawet światło nie może się wydostać, stanowią inną intrygującą drogę do eksploracji wirtualnej natury wszechświata. Paradoks faktów związany z czarnymi dziurami — pytanie o to, co dzieje się ze statystykami, które wpadają do czarnej dziury — doprowadził do ogromnych tendencji w wiedzy na temat zasad danych i mechaniki kwantowej. Zgodnie z fizyką klasyczną, każda informacja, która trafia do czarnej dziury, zostaje utracona, co prowadzi do tzw. „paradoksu utraty informacji". Jednak najnowsze osiągnięcia w dziedzinie grawitacji kwantowej i zasady strun wskazują, że fakty nie są gubione, ale są zamiast tego kodowane na horyzoncie czasowym czarnej wnęki, granicy, poza którą nic nie może się wydostać.

Ta koncepcja jest zgodna z ideą cyfrowego wszechświata, w którym zapisy są kodowane w dyskretnych bitach na horyzoncie zdarzeń. Niektórzy badacze opowiadają się za tym, że horyzont zdarzeń czarnej dziury może dodatkowo funkcjonować jako „pikselowana" granica, w której statystyki zawarte wewnątrz czarnej wnęki są kodowane jako dyskretne gadżety, podobnie jak cyfrowe zdjęcia składają się z pikseli. Oznacza to, że sama struktura czasoprzestrzeni, nawet w trudnych warunkach, takich jak te w pobliżu czarnych dziur, może być z natury wirtualna, z nieustannym ślizgiem danych regulowanym za pomocą dyskretnych urządzeń.

Styl życia gadżetów Plancka, które definiują najmniejsze możliwe wartości dla przestrzeni, czasu i elektryczności, dodatkowo wspiera koncepcję, że wszechświat jest cyfrowy z natury. Te podstawowe urządzenia o rozmiarze, powyżej którego fizyka klasyczna się rozpada, są regularne z ideą „cyfrowego" wszechświata, w którym prawda składa się z dyskretnych bitów danych . Kwantowanie energii i powierzchni w skali Plancka można postrzegać jako dowód, że wszechświat jest zasadniczo systemem obliczeniowym działającym na poziomie kwantowym.

Spekulację, że wszechświat jest wirtualny z natury, dodatkowo wspiera idea symulacji. Niektórzy badacze zaproponowali, że nasza prawda jest prawdopodobnie symulacją uruchomioną przez skomplikowaną cywilizację. Ta „spekulacja symulacyjna" wskazuje, że wszechświat nie jest bytem fizycznym, ale skomplikowanym programem komputerowym działającym na kilku wyższych systemach obliczeniowych. W tym ujęciu, istotne szczątki zależności, prawa fizyki, a nawet materiał samej czasoprzestrzeni będą wynikiem metod obliczeniowych.

Koncepcja, że wszechświat jest symulacją, jest zgodna z cyfrową naturą faktu, gdzie czasoprzestrzeń składa się z dyskretnych bitów zapisów. Gdyby wszechświat rzeczywiście był symulacją, sugerowałoby to, że informacje zakodowane w symulacji podążają za zestawem zasad obliczeniowych, które rządzą zachowaniem całości w symulowanym środowisku. Ten pogląd jest zgodny z rosnącym dowodem z koncepcji zapisów kwantowych i holograficznego nakazu, z których oba opowiadają się za tym, że informacja, w przeciwieństwie do liczby, jest najważniejszym elementem prawdy.

Dowody wskazujące na cyfrowy wszechświat stają się bardziej przekonujące, gdy pamiętamy o intensywnych sytuacjach skali Plancka. W tej skali czasoprzestrzeń wydaje się być dyskretna, rządzona przez stosowanie regulacji zasady faktów kwantowych i grawitacji kwantowej. Niezależnie od tego, czy poprzez kwantyzację czasoprzestrzeni, holograficzną zasadę, czy zachowanie czarnych dziur, koncepcja, że wszechświat jest zasadniczo cyfrowy, zyskuje dalsze poparcie. W miarę jak kontynuujemy eksplorację charakteru rzeczywistości za pomocą mechaniki kwantowej, teorii faktów i badania czarnych dziur, staje się coraz bardziej oczywiste, że wszechświat może nie być nieprzerwanym, analogowym bytem, ale znaczącą, skomplikowaną maszyną wirtualną, w której obszar, czas i zależność wyłaniają się z przetwarzania podstawowych kwantowych bitów informacji.

5.5 Komputery kwantowe i symulacja rzeczywistości

Systemy komputerów kwantowych stanowią przełomowy postęp w obliczeniowej elektryczności, wykorzystując niezwykłe rezydencje mechaniki kwantowej do przeprowadzania obliczeń znacznie wykraczających poza funkcjonalność klasycznych systemów komputerowych. W miarę postępu generacji komputerów kwantowych koncepcja, że maszyny te mogą być używane do symulowania samej prawdy, stała się tematem dużego hobby. Systemy komputerów kwantowych mają teraz zdolność nie tylko do rewolucjonizowania dziedzin takich jak kryptografia, sztuczna inteligencja i wiedza technologiczna dotycząca materiałów, ale także do dostarczania nam sprzętu do symulowania złożonych systemów, niewątpliwie nawet tkaniny wszechświata. Przecięcie się komputerów kwantowych i koncepcji symulacji prawdy podnosi głębokie pytania dotyczące charakteru życia, danych i granic tego, co jest wykonalne w sferze cyfrowej.

Mechanika kwantowa, dział fizyki zajmujący się zachowaniem cząstek na poziomie atomowym i subatomowym, wprowadza koncepcje, które przeczą klasycznemu dobremu osądowi. Kluczowe wśród nich są superpozycja, w której cząstki mogą istnieć w wielu stanach jednocześnie, oraz splątanie, w którym szczątki mogą być natychmiast łączone, niezależnie od odległości. Właściwości te zapewniają komputerom kwantowym unikalną korzyść: nawet jeśli klasyczne bity mogą reprezentować najbardziej efektywny jeden z dwóch stanów (0 lub 1) w dowolnym momencie, bity kwantowe (kubity) mogą reprezentować zarówno zero, jak i 1 naraz, droga do superpozycji. Ta zdolność pozwala komputerom kwantowym wykonywać wiele obliczeń jednocześnie, wykładniczo zwiększając ich moc obliczeniową.

Potencjał obliczeń kwantowych leży teraz nie tylko w tempie obliczeń, ale także w typach problemów, które mogą one rozwiązać. Pewne problemy, których rozwiązanie klasycznym systemom komputerowym zajęłoby tysiąclecia, zostaną rozwiązane za pomocą komputera kwantowego w ułamku czasu. Obejmuje to obowiązki, które obejmują faktoryzację dużych liczb, optymalizację skomplikowanych struktur i symulację kwantowych struktur fizycznych, z których wszystkie są podstawowe dla koncepcji symulowania prawdy.

W swojej istocie symulacja jest modelem lub reprezentacją rzeczywistego urządzenia, a im bardziej złożone jest urządzenie, tym trudniej jest je odpowiednio symulować. Klasyczne systemy komputerowe regularnie walczą z tym, głównie podczas symulacji zachowania struktur kwantowych, ponieważ wymagają znacznych zasobów obliczeniowych do wersjonowania nawet prostych oddziaływań kwantowych. Komputery kwantowe są jednak z natury przydatne do tego zadania. Ponieważ same w sobie wykorzystują koncepcje kwantowe, mogą symulować struktury kwantowe z o wiele większą wydajnością niż klasyczne systemy komputerowe.

Jedną z najbardziej ekscytujących możliwości komputerów kwantowych jest symulacja zjawisk fizycznych w skalach i rozdzielczościach, które wcześniej były niewyobrażalne. Obejmuje to symulację oddziaływań molekularnych, zachowanie materiałów w ekstremalnych warunkach, a nawet właściwości podstawowych szczątków w środowiskach o wysokiej wytrzymałości. Tak jak powinno się symulować te metody, komputery kwantowe powinny doprowadzić do przełomów w szerokim zakresie dziedzin, wraz z udoskonalaniem leków, technologią tkanin i produkcją energii elektrycznej. Co więcej, możliwość symulowania takich struktur na laptopie kwantowym może również przyczynić się do wprowadzenia kompletnych wirtualnych wszechświatów — symulacji faktów , które są rządzone za pomocą tych samych fizycznych praw, które badamy.

Koncepcja symulacji prawdy — w której komputer, w szczególności laptop kwantowy , tworzy wirtualny międzynarodowy nieodróżnialny od międzynarodowego fizycznego — była znanym wyzwaniem hipotezy filozoficznej i badań naukowych. Pomysł ten sugeruje, że prawda sama w sobie może być wynikiem dużej techniki obliczeniowej, a wszechświat funkcjonuje jako rodzaj symulacji uruchamianej za pośrednictwem jakiegoś zaawansowanego bytu lub maszyny. Ta koncepcja, często nazywana „hipotezą symulacji", zyskała popularność w ostatnich latach, w szczególności dzięki ulepszeniom mocy obliczeniowej i naszemu zrozumieniu mechaniki kwantowej.

Komputery kwantowe powinny oferować sposób symulowania prawdy na niespotykanym dotąd etapie szczegółowości. W przeciwieństwie do klasycznych symulacji, które są ograniczone potrzebą przybliżania zmiennych ciągłych, symulacje kwantowe powinny modelować ciągłą naturę czasoprzestrzeni i procedur kwantowych precyzyjnie, bez braku wierności. Jeśli komputery kwantowe są w stanie symulować wszechświat z takim stopniem precyzji, pojawia się interesująca możliwość, że sama rzeczywistość będzie symulacją — być może nawet taką, która jest celowo zaprojektowana i utrzymywana przy pomocy zaawansowanej cywilizacji lub kilku różnych zewnętrznych nacisków.

Aby symulować fakty na komputerze kwantowym, należałoby modelować nie tylko pojedyncze struktury kwantowe, ale całą strukturę wszechświata, łącznie z obszarem-czasem, grawitacją i podstawowymi prawami fizyki. Jest to ogromny projekt, jednak systemy komputerów kwantowych mają zdolność wykonywania tego rodzaju symulacji, ponieważ działają one na podstawie tych samych idei, które rządzą zachowaniem wszechświata. Poprzez kodowanie praw fizyki w samych obliczeniach, komputer kwantowy powinien symulować wszystko, od interakcji cząstek subatomowych po dynamikę galaktyk, potencjalnie odtwarzając cały obserwowalny wszechświat na poziomie kwantowym.

Jednym z kluczowych dodatków symulacji prawdy na komputerze kwantowym jest konieczność modelowania splątania kwantowego i wzajemnych powiązań wszystkich szczątków. W kwantowej symulacji rzeczywistości każda cząstka mogłaby być splątana z innymi, a stan całej maszyny musiałby być aktualizowany jednocześnie we wszystkich skalach życia. To znacznie wykracza poza możliwości klasycznego przetwarzania, ale systemy komputerów kwantowych są zaprojektowane do obsługi takich połączonych systemów ze względu na ich wrodzoną zdolność do symbolizowania kilku stanów od razu i informacji systemowych równolegle.

Podczas gdy potencjał kwantowych systemów komputerowych do symulowania prawdy jest ekscytujący, istnieje wiele wyzwań i ograniczeń, które należy rozwiązać. Jedną z najważniejszych granic jest problem skalowalności. Kwantowe systemy komputerowe, takie jakie istnieją obecnie, są wciąż w powijakach. Obecne procesory kwantowe są dość małe, mają zaledwie kilkadziesiąt kubitów, co ogranicza ich zdolność do przeprowadzania symulacji na ogromną skalę. Aby symulować nawet niewielką część wszechświata, komputery kwantowe mogą wymagać skalowania do tysięcy lub tysięcy i

Fevzi H.

tysięcy kubitów, co wymaga postępów w kwantowej korekcji błędów, stabilności sprzętowej i spójności kubitów.

Co więcej, istnieją fundamentalne pytania dotyczące charakteru samej prawdy, na które należy odpowiedzieć, zanim w pełni ją zasymulujemy. Na przykład mechanika kwantowa sugeruje, że sam akt stwierdzenia wpływa na obserwowaną maszynę, zjawisko to nazywa się efektem obserwatora. Stanowi to zadanie symulacji faktu, który jest celem i jest niezależny od obserwatora. Jeśli sam wszechświat jest symulacją, w jaki sposób pogodzilibyśmy wpływ obserwatora z ideą zewnętrznego „faktu"?

Ponadto symulowanie całego wszechświata na poziomie kwantowym może być niepraktyczne ze względu na monstrualne źródła obliczeniowe, które są wymagane. Podczas gdy kwantowe systemy komputerowe mogą symulować unikalne struktury kwantowe z wysoką wydajnością, modelowanie całego wszechświata — wraz ze wszystkimi jego interakcjami i złożonościami — może wymagać astronomicznej ilości energii przetwarzania. W rezultacie nawet komputery kwantowe mogą napotkać przeszkody w swojej zdolności do symulowania faktów z całkowitą dokładnością.

Koncepcja, że komputery kwantowe powinny symulować całe rzeczywistości, rodzi głębokie pytania etyczne i filozoficzne. Gdyby udało się zasymulować naprawdę doskonałą replikę wszechświata, a nawet świadomą istotę wewnątrz symulacji, jakie implikacje mogłoby to mieć dla naszej wiedzy o stylach życia? Czy moglibyśmy przebywać w takiej symulacji już teraz? Gdybyśmy mieli stworzyć symulowane światy ze świadomymi bytami, czy te byty miałyby prawa i jak moglibyśmy sobie z nimi radzić?

Co więcej, zdolność do symulowania prawdy może mieć dalekosiężne konsekwencje w sferze sztucznej inteligencji, wirtualnej prawdy i ludzkiej koncentracji. Jeśli jesteśmy w stanie symulować wytyczne prawne fizyki i odtworzyć złożoność wszechświata, czy powinniśmy również symulować ludzką uwagę? Czy byłoby wykonalne dodanie ludzkich myśli bezpośrednio do symulacji kwantowej, zasadniczo rozwijając wirtualną nieśmiertelność? Te pytania przesuwają granice tego, co to znaczy być człowiekiem i ryzykują naszą wiedzę o życiu, identyfikacji i samej prawdzie.

Komputery kwantowe zachowują zdolność do rewolucjonizowania naszej zdolności do symulowania złożonych struktur, wraz z samą naturą samego faktu. Chociaż nadal znajdujemy się na wczesnych etapach rosnącej generacji komputerów kwantowych, możliwości przyszłych zastosowań — głównie w dziedzinie symulacji rzeczywistości — są ogromne. W miarę rozwoju komputerów kwantowych zapewnią nam one sprzęt, który pozwoli nam nie tylko zrozumieć wszechświat na głębszym etapie, ale także odtworzyć go w wirtualnej formie. Jednak gdy podejmujemy się tej nowej granicy, ważne jest, aby nie zapominać o moralnych i filozoficznych implikacjach takiej generacji, ponieważ podważa ona same podstawy tego, co postrzegamy jako prawdę. Los symulacji kwantowej, choć nadal niepewny, obiecuje przekształcić naszą wiedzę o istnieniu, wszechświecie i naszym miejscu w nim.

ROZDZIAŁ 6

Symulacje fizyczne i rzeczywistość wirtualna

6.1 Symulowanie wszechświata za pomocą nowoczesnych komputerów

Postęp technologiczny i rosnąca moc komputerów sprawiły, że koncepcja tworzenia symulacji fizycznego wszechświata stała się bardziej sensowna. Obecnie wiedza technologiczna i fizyka w dziedzinie komputerów, zwłaszcza w zakresie symulacji skomplikowanych struktur, poczyniły znaczne postępy.

Symulacja to system używany do tworzenia wersji rzeczywistego globalnego . Zazwyczaj proces ten jest kontrolowany za pomocą modelowania matematycznego, oprogramowania komputerowego i sprzętu. Symulacje mają na celu imitację zdarzeń fizycznych i zachowań rzeczywistego świata. Obecnie możliwe jest symulowanie fizycznego wszechświata zarówno w skali mikro, jak i makro. Symulacje te można przeprowadzać w wielu skalach, od szczątków na poziomie atomowym po ruchy galaktyk.

Symulacje fizycznego wszechświata zachowują dużą opłatę w takich dziedzinach jak kosmologia, astrofizyka i fizyka cząstek elementarnych. Pozwalają badaczom rozpoznać, w jaki sposób wszystkie interakcje we wszechświecie są zgodne z fizycznymi wytycznymi prawnymi. Na przykład astrofizycy wykorzystują złożone algorytmy do symulacji powstawania galaktyk, podczas gdy fizycy cząstek elementarnych stosują podobną technikę do symulacji interakcji na poziomie subatomowym.

Symulacje te pomagają nam zrozumieć najbardziej podstawowe funkcje wszechświata. Na przykład modelowanie zjawisk związanych z czarnymi dziurami i liczbą ciemnych gwiazd, które są zbyt odległe lub tajemnicze, aby można je było określić od razu, pozwala na lepsze doświadczenie. Naukowcy mogą przyjrzeć się, jak prawa fizyczne działają za pomocą symulacji, co prowadzi do rozwoju teorii dotyczących działania wszechświata.

Symulacja wszechświata wymaga pełnowymiarowej mocy obliczeniowej. Obecnie systemy komputerowe są w stanie przetwarzać setki tysięcy, a nawet miliardy czynników statystycznych jednocześnie. Ta zdolność umożliwia symulację różnych etapów globalnego ciała . Superkomputery o wysokiej decyzyjności zapewniają energię obliczeniową niezbędną do symulacji zdarzeń fizycznych.

Na przykład symulacja w „skali Plancka" pociąga za sobą interakcje, które są zauważalnie skomplikowane, a tradycyjne komputery nie mogą ich wersjonować. Jednak ulepszenia komputerów kwantowych i sieci przetwarzania równoległego sprawiają, że tego typu symulacje są wykonalne. Komputery te mogą przetwarzać duże zbiory informacji znacznie szybciej i wydajniej, umożliwiając poprawne modelowanie wielu interakcji w świecie cielesnym.

Fevzi H.

Te systemy komputerowe mogą również przeprowadzać symulacje oparte całkowicie na zapisach otrzymanych z akceleratorów cząstek. W tych eksperymentach symulacje odtwarzają zdarzenia fizyczne na poziomie subatomowym, których nie można natychmiast przejrzeć. Pozwala to fizykom modelować interakcje w skali mikroskopowej, co prowadzi do głębszego wglądu w fundamentalną fizykę.

Symulacje są przydatne nie tylko na poziomie mikroskopowym, ale także w skali makroskopowej. Symulacje kosmologiczne są jednym z najbardziej znaczących narzędzi do zrozumienia natury wszechświata. Wielu astrofizyków używa superkomputerów do symulowania powstawania galaktyk, gwiazd, a nawet całego wszechświata. Symulacje te pozwalają nam modelować procedury i ewolucję wszechświata od jego wczesnych poziomów.

Na przykład projekty symulujące model „Wielkiego Wybuchu" poczyniły znaczne postępy w eksperymencie sytuacji, które istniały na początku wszechświata. Symulacje te pokazują, jak ukształtowały się systemy o dużej skali wraz z gromadami galaktyk, gwiazdami i czarnymi dziurami. Pomagają one również badaczom zrozumieć zachowanie ciemnej energii i ciemnej energii — dodatków wszechświata, których nie można natychmiast znaleźć, ale stanowią one znaczną część jego masy.

Symulacje takie jak te modelują, jak powstaje łączenie się i kolizja galaktyk lub jak powstają nowe systemy, gdy galaktyki wchodzą w interakcje. Dodatkowo symulują zachowanie benzyny wokół czarnych dziur i sposób ewolucji galaktyk. Te spostrzeżenia pomagają zbudować jaśniejszy obraz dynamicznych metod wszechświata.

Los symulacji jest ściśle związany z technologiami takimi jak sztuczna inteligencja (AI) i głęboka wiedza na temat. Technologia ta powinna umożliwiać jeszcze bardziej szczegółowe i dokładne symulacje wszechświata. AI może automatyzować modelowanie skomplikowanych procesów cielesnych, zwiększając wydajność symulacji. Głębokie algorytmy poznawcze mogą przyspieszyć symulacje i umożliwić przetwarzanie nawet dużych zestawów danych .

Ponadto, sztuczna inteligencja i techniki głębokiego uczenia mogą usprawnić analizę zapisów uzyskanych z symulacji. Będzie to odgrywać ważną rolę w rozwijaniu nowych kosmologicznych modeli i teorii cielesnych. Głęboka wiedza na temat może badać konsekwencje symulacji i oczekiwać przyszłych aktywności fizycznych z większą dokładnością.

W przyszłości symulacje nie tylko będą modelować aktywność fizyczną, ale dodatkowo oferować nowe spojrzenie na nieznane aspekty wszechświata. Technologie te pozwolą na głębszą wiedzę o świecie fizycznym na znacznie bardziej subtelnych poziomach.

Symulowanie wszechświata – wykorzystanie najnowocześniejszych komputerów odgrywa ważną rolę we wspieraniu nas w zrozumieniu struktury wszechświata, ale także zwiększa głębokie pytania o naturę samej rzeczywistości. Jeśli możemy poprawnie odtworzyć wszechświat za pomocą symulacji, pokazuje to, że wszystko, co rozumiemy jako fakt, jest prawdopodobnie otwarte na myślenie. Zobaczenie, jak fizyczne wytyczne prawne i wzory matematyczne działają tak, jak powinny, za pomocą symulacji, daje wyjątkową możliwość rozpoznania podstawowych mechanizmów wszechświata.

Rozwój symulacji jest ważny nie tylko dla badań naukowych, ale także dla tych, którzy szukają rozwiązań pytań filozoficznych. Natura prawdy może być bardziej prawdziwie zrozumiana poprzez symulacje, trudne nasze postrzeganie i założenia dotyczące życia. Te ulepszenia zmieniają granice między wiedzą technologiczną, filozofią i erą, i pogłębiają naszą wiedzę na temat sposobu funkcjonowania wszechświata.

6.2 Wirtualne rzeczywistości oparte na sztucznej inteligencji

Rozwój sztucznej inteligencji (AI) stał się kluczowym szczegółem w tworzeniu coraz większej liczby wyrafinowanych rzeczywistości wirtualnych. Rzeczywistości wirtualne, kiedyś ograniczone do świata rozrywki i gier, rozwinęły się w złożone, interaktywne środowiska zasilane za pomocą AI. Te napędzane przez AI wirtualne światy są obecnie wykorzystywane w dziedzinach, począwszy od edukacji i nauczania, po symulację, rozrywkę, a nawet interakcje społeczne.

W środku, wirtualna prawda zasilana przez AI jest symulowanym środowiskiem, w którym dynamika i interakcje w świecie są napędzane i poddawane wpływom za pośrednictwem AI. W przeciwieństwie do konwencjonalnych gier wideo lub środowisk generowanych komputerowo, które są zgodne z predefiniowanymi skryptami i działaniami, wirtualne rzeczywistości silniejsze dzięki AI są zaprojektowane tak, aby ewoluować i rozwijać się w oparciu o zachowanie i wybory klientów w nich. Pozwala to na bardziej dynamiczne, responsywne i spersonalizowane doświadczenie.

Te wirtualne środowiska zazwyczaj składają się z immersyjnych, trójwymiarowych światów, w których klienci mogą wchodzić w interakcje z różnymi użytkownikami, postaciami cyfrowymi i samym otoczeniem. Inteligencja osadzona w tych światach sprawia, że interakcje są bardziej naturalne, realistyczne i angażujące, regularnie zacierając granicę między światem rzeczywistym a wirtualnym.

AI odgrywa zasadniczą rolę w konstruowaniu cyfrowych rzeczywistości, które nie są statyczne, ale interaktywne i responsywne. Tradycyjnie wirtualne światy były ograniczone do wstępnie zaprogramowanych ruchów, a interakcje i działania rozwijały się zgodnie z ustalonymi stylami. Jednak połączenie

AI dodało mniej więcej transformacyjną zmianę w sposobie, w jaki wirtualne środowiska odpowiadają użytkownikom. Algorytmy AI, w tym mastering urządzeń i przetwarzanie języka naturalnego, pozwalają wirtualnym postaciom lub sprzedawcom detalicznym dynamicznie reagować na wprowadzanie danych przez użytkownika. Sprzedawcy ci mogą rozpoznawać kontekst, uczyć się na podstawie interakcji użytkownika i dostosowywać się w czasie. Na przykład osoba napędzana przez AI w cyfrowym świecie może rozpoznawać wzorce zachowań danej osoby, ton emocjonalny lub określone preferencje i w konsekwencji zmieniać swoje reakcje. Umożliwia to spersonalizowane interakcje, które ewoluują w miarę, jak użytkownik coraz bardziej angażuje się w otoczenie.

W bardziej zaawansowanych przypadkach systemy AI wewnątrz tych wirtualnych światów mogą oczekiwać ruchów użytkownika i tworzyć środowiska, które dostosowują się w czasie rzeczywistym. Na przykład, jeśli konsument wyraża zainteresowanie eksploracją określonych odmian krajobrazów lub sportów, świat cyfrowy powinien dynamicznie dostosowywać swoje funkcje, aby dostarczać nowe treści, które są zgodne z tymi opcjami.

Jednym z największych postępów w wirtualnych rzeczywistościach opartych na sztucznej inteligencji jest ewolucja postaci niezależnych (NPC). Te postacie, które kiedyś były ograniczone do prostych ról, teraz prezentują bardziej złożone zachowania i interakcje, dzięki sztucznej inteligencji. Postacie niezależne, tradycyjnie kontrolowane przez zdrowy rozsądek, mogą teraz wchodzić w interakcje w rozsądnych rozmowach, nie zapominając o interakcjach wykraczających poza nie i odpowiadać osobie w niuansowy i praktyczny sposób.

Dzięki AI NPC nie są pewni, korzystając z dialogów skryptowych lub ustalonych wzorców zachowań. Zamiast tego mogą używać przetwarzania języka ziołowego (NLP), aby zrozumieć i odpowiedzieć na mowę konsumenta, rozwijając bardziej płynną i naturalną interakcję. Te NPC mogłyby nawet symulować emocje, wyrażać swoje myśli i tworzyć dynamiczne relacje z klientami, w tym głębię wirtualnych światów.

Na przykład w symulacjach edukacji cyfrowej NPC-e napędzane przez AI mogą działać jako cyfrowi instruktorzy, edukować użytkowników poprzez scenariusze, przedstawiać uwagi i dostosowywać poziom problemu na podstawie ogólnej wydajności konsumenta. W rozrywce NPC-e mogą wzbogacać fabułę za pomocą reagowania na wybory uczestnika, sprawiając, że każde doświadczenie wydaje się precyzyjne i nieprzewidywalne.

AI nie tylko ulepsza postacie w środowiskach cyfrowych; ona również kształtuje same środowiska. Systemy oparte na AI mogą tworzyć proceduralnie generowane światy, które są dynamicznie projektowane i zmieniane przede wszystkim na podstawie działań i zachowań danej osoby. Środowiska te nie są statyczne, ale zamiast tego dostosowują się w czasie rzeczywistym, prezentując naprawdę wciągające doświadczenie. Na przykład AI może generować krajobrazy, które ewoluują na przestrzeni lat w oparciu o interakcje konsumentów lub symulować ekosystemy, w których kwiaty, zwierzęta i style pogodowe wymieniają się w odpowiedzi na czynniki zewnętrzne. Ten stopień złożoności sprawia, że wirtualne światy wydają się żywe i reagują na ruchy konsumenta, co prowadzi do zwiększonego poczucia immersji.

Co więcej, AI może być również używana do tworzenia rozsądnych systemów, które kontrolują wirtualny świat, zapewniając, że wewnętrzny zdrowy rozsądek świata pozostaje spójny. Niezależnie od tego, czy symuluje fizykę cyfrowego otoczenia, radzi sobie ze skomplikowanymi systemami społecznymi, czy utrzymuje realizm interakcji między wirtualnymi bytami, AI jest kręgosłupem, który gwarantuje, że te cyfrowe środowiska działają łatwo.

Podczas gdy wirtualne rzeczywistości oparte na sztucznej inteligencji oferują ogromne możliwości, dodatkowo podnoszą istotne kwestie moralne. Jednym z największych zmartwień jest zacieranie się granicy między rzeczywistością a symulacją. W miarę jak te wirtualne środowiska stają się coraz bardziej wyrafinowane i nieodróżnialne od rzeczywistego istnienia, klienci mogą dodatkowo cieszyć się coraz większym doświadczeniem przywiązania do tych symulowanych światów. Może to mieć głębokie konsekwencje psychiczne, zwłaszcza jeśli klienci zaczną wybierać świat cyfrowy zamiast rzeczywistego.

Ponadto szybki rozwój AI w rzeczywistościach cyfrowych może zwiększyć obawy dotyczące prywatności, ochrony danych i kontroli. Ponieważ systemy AI w tych wirtualnych światach są w stanie gromadzić ogromne ilości faktów na temat zachowań, wyborów i interakcji klientów, istnieją potencjalne zagrożenia dotyczące niewłaściwego wykorzystania lub eksploatacji tych faktów.

Ponadto istnieje problem uzależnienia od wirtualnych światów. Wraz ze stawaniem się coraz bardziej fascynujących środowisk napędzanych przez AI, klienci mogą również znaleźć się w sytuacji, w której spędzają coraz więcej czasu w tych symulacjach. Może to prowadzić do oderwania się od rzeczywistości, ponieważ jednostki tracą zainteresowanie rzeczywistymi, globalnymi raportami na rzecz bardziej wyidealizowanych lub kontrolowanych cyfrowych.

Inną kluczową kwestią jest potencjał struktur AI do rozszerzenia się poza ludzką manipulację. Wraz z rozwojem AI może pojawić się możliwość, że zacznie działać w sposób, który nie był początkowo zakładany przez jej twórców. W wirtualnych światach może to sugerować pojawienie się zaskakujących zachowań, w których podmioty AI nie będą już przestrzegać wstępnie zaprogramowanych ról i zaczną prezentować bezstronne metody podejmowania decyzji.

Patrząc bliżej przyszłości, pozycja AI w rzeczywistościach wirtualnych prawdopodobnie utrzyma się, aby się powiększyć. Możemy oczekiwać udoskonalenia jeszcze lepszych symulacji najnowocześniejszych, które wykorzystują zaawansowane strategie AI wraz z głębokim uczeniem się, wzmacnianiem poznawania i nienadzorowanym zdobywaniem wiedzy. Te ulepszenia pozwolą na jeszcze bardziej realistyczne i interaktywne światy wirtualne, w których AI może zarządzać skomplikowanymi systemami społecznymi, symulować ludzkie zachowania bardziej przekonująco i tworzyć zupełnie nowe style rozrywki i interakcji.

Wirtualne światy napędzane przez AI mogą również mieć ogromne pakiety w obszarach takich jak opieka zdrowotna, edukacja i integracja społeczna. Wirtualne rzeczywistości będą wykorzystywane do edukacji specjalistów medycznych, zapewniania środków zaradczych lub oferowania cyfrowych przestrzeni, w których ludzie mogą wchodzić w interakcje w sportach społecznych, pomimo ograniczeń fizycznych. Te możliwości otwierają drzwi do przeznaczenia, w którym środowiska cyfrowe napędzane przez AI są niezbędną częścią codziennego życia.

Co więcej, w miarę rozwoju technologii AI, nadejście absolutnie immersyjnych i nieodróżnialnych rzeczywistości cyfrowych może również stać się rzeczywistością. Dzięki ulepszeniom interfejsów neuronowych i interakcji mózg-komputer użytkownicy mogą chcieć wchodzić w interakcje z tymi wirtualnymi światami w podejściach, które wcześniej uważano za niemożliwe, tworząc nową erę interakcji człowiek-komputer.

Wirtualne rzeczywistości oparte na sztucznej inteligencji przesuwają granice tego, co pamiętamy jako wykonalne w dziedzinie wirtualnej symulacji. Przekształcają sposób, w jaki wchodzimy w interakcje ze światami cyfrowymi, zapewniając nowe możliwości rozrywki, socjalizacji, edukacji, a nawet rozwoju osobistego. Jednak wzmacniają również istotne kwestie moralne i psychologiczne, które należy rozwiązać, gdy te technologie nadal ewoluują. W miarę jak sztuczna inteligencja nadal kształtuje udoskonalenie środowisk cyfrowych, z pewnością zdefiniuje na nowo charakter samego faktu, twardo stąpając po ziemi w kwestii naszego postrzegania tego, co jest rzeczywiste, a co wirtualne.

6.3 Cyfrowy transfer mózgu i układu nerwowego

Pomysł przeniesienia umysłu i maszyny nerwowej wprost do wirtualnego środowiska stanowi jeden z najgłębszych i najbardziej spekulatywnych obszarów eksploracji medycznej. Ta koncepcja, często nazywana przesyłaniem umysłu lub interfejsem umysł- laptop , obejmuje stworzenie cyfrowej repliki ludzkiego umysłu i jego funkcji, skutecznie przenosząc skupienie, wspomnienia, myśli i wrażenia wprost do wirtualnego lub cyfrowego świata. Chociaż ta koncepcja może również brzmieć jak science fiction, rozległy rozwój neuronauki, sztucznej inteligencji i modelowania obliczeniowego stopniowo przybliża tę ideę do rzeczywistości.

Zanim zaczniemy badać, w jaki sposób mózg i urządzenie lękowe mogą zostać zdigitalizowane, konieczne jest zrozumienie złożoności samego ludzkiego mózgu. Mózg składa się z około 86 miliardów neuronów, z których każdy jest połączony za pomocą bilionów synaps. Neurony te komunikują się za pomocą impulsów elektrycznych i alertów biochemicznych, tworząc społeczność odpowiedzialną za wszystkie zdolności poznawcze, w tym percepcję, pojęcie, pamięć i emocje. Kształt i zainteresowania umysłu są zauważalnie skomplikowane, a mapowanie tej znaczącej sieci jest ogromnym przedsięwzięciem.

Pierwszym krokiem w przeniesieniu mózgu do środowiska wirtualnego jest mapowanie złożonych szczegółów sieci neuronowej. Ten proces, często nazywany konektomiką, ma na celu stworzenie kompletnej mapy połączeń między neuronami, oprócz stylów ich hobby elektrycznego. Techniki wraz z celowym obrazowaniem metodą rezonansu magnetycznego (fMRI), elektroencefalografią (EEG) i zaawansowanymi strategiami neuroobrazowania są wykorzystywane do lepszego rozpoznawania hobby mózgu i łączności. Jednak te technologie nadal znajdują się na wczesnych etapach przekazywania poziomu szczegółowości potrzebnego do całkowitego odzwierciedlenia zdolności umysłu w medium cyfrowym.

Jedną z głównych technologii umożliwiających wirtualny transfer rozrywki umysłowej są struktury interfejsu mózg-laptop (BCI). BCI umożliwiają bezpośrednią komunikację między umysłem a zewnętrznymi gadżetami, omijając konwencjonalne metody wprowadzania danych, takie jak klawiatury lub mowa. Te interfejsy są zazwyczaj tworzone poprzez umieszczenie elektrod na skórze głowy lub za pomocą inwazyjnych implantów nerwowych. BCI są już wykorzystywane w programach, które obejmują zarządzanie protezami, komunikację dla osób z paraliżem, a nawet interakcję w grach wideo.

Jednak, aby przesłać całą masę hobby umysłu bezpośrednio do wirtualnej formy, potrzeba ton dodatkowych wyrafinowanych i skutecznych interfejsów mózgowo-komórkowych (BCI). Te interfejsy muszą być zdolne nie tylko do badania sygnałów umysłowych, ale także do zapisywania danych z powrotem do mózgu. To stwarza liczne wyzwania, zarówno z perspektywy technicznej, jak i moralnej. Po pierwsze, obecne rozwiązanie nieinwazyjnych metod monitorowania hobby umysłu jest niewystarczające do uzyskania wysokiego stopnia szczegółowości wymaganego do wirtualnej kopii. Techniki inwazyjne, które obejmują wszczepianie elektrod od razu do mózgu, stwarzają ryzyko, w tym uszkodzenia tkanek, skażenia i potrzeby długotrwałej renowacji.

Ponadto złożoność podejść umysłu oznacza, że uczciwe monitorowanie aktywności neuronowej nie zawsze jest wystarczające. Cyfrowy gadżet musi dodatkowo symulować trudne sygnały biochemiczne i elektryczne, które powstają w mózgu, i odtwarzać je w sposób, który zachowuje integralność poznania, pamięci i identyfikacji. Osiągnięcie tego etapu precyzji i stałości jest trudnym zadaniem, które może wymagać przełomów zarówno w neuronauce, jak i technologii.

Gdy już będziemy w stanie zmapować mózg i połączyć się z jego strategiami neuronowymi, następnym krokiem będzie rozwinięcie wersji lub symulacji możliwości umysłu. Zamiarem jest poszerzenie sztucznego gadżetu, który mógłby odzwierciedlać kształt i zachowanie umysłu, nie tylko w mechanicznym doświadczeniu, ale w świadomy, świadomy sposób.

Superkomputery, sztuczna inteligencja i algorytmy badające gadżety odegrają kluczową rolę w symulowaniu hobby umysłu. Najbardziej zaawansowane modele mózgu prawdopodobnie będą wykorzystywać sieci neuronowe, rodzaj sztucznej inteligencji zaprojektowanej w celu naśladowania struktury i działania biologicznych sieci neuronowych. Sieci te mogą być zdolne do przetwarzania faktów w sposób bardzo podobny do tego, w jaki robi to umysł, prawdopodobnie mając na uwadze wprowadzenie wirtualnych umysłów, które prezentują podobne postępy do ludzkiej świadomości.

Jednakże symulowanie ludzkiego mózgu jest metodą bardzo zasobochłonną. Hobby ludzkiego mózgu generuje ogromną ilość faktów, a powielanie jego złożoności na platformie cyfrowej będzie wymagało ogromnej energii obliczeniowej i pamięci. Do tej pory wysiłki mające na celu symulację kompletnych mózgów ograniczały się do mniej skomplikowanych organizmów, w tym nicienia C. Elegans, który zawiera zaledwie 302 neurony. Ludzki mózg, z miliardami neuronów i bilionami połączeń synaptycznych, daje zupełnie niezwykłą skalę złożoności.

Wraz z rozwojem mocy obliczeniowej możemy dodatkowo zobaczyć bardziej imponujące próby symulacji poznania na poziomie ludzkim. Projekty takie jak Human Brain Project w Europie i Brain Initiative w Stanach Zjednoczonych mają na celu stworzenie kompletnych modeli umysłu, chociaż inicjatywy te są wciąż w powijakach w porównaniu z rozmiarem wymaganym do pełnego transferu umysłu.

Pomysł digitalizacji mózgu i importowania uwagi bezpośrednio do maszyny wywołuje głębokie pytania etyczne i filozoficzne. Sednem tej trudności jest charakter uwagi i identyfikacji. Jeśli umysł jest skutecznie replikowany w wirtualnym otoczeniu, czy następująca świadomość jest naprawdę taka sama jak oryginał? Czy też wirtualny model okazuje się być odrębnym bytem, pomimo faktu, że posiada identyczne wspomnienia, myśli i zachowania?

Jednym z najpilniejszych problemów jest ciągłość poznania. Jeśli umysł człowieka zostanie przesłany do komputera, czy zachowa on to samo poczucie siebie, czy też w rzeczywistości wyłoni się jako duplikat pierwotnej osoby? Dotyka to głębszych filozoficznych debat na temat natury duszy, prywatnej identyfikacji i różnicy między istnieniem fizycznym a wirtualnym.

Istnieją również kwestie potencjalnych rezultatów importowania umysłów do przestrzeni wirtualnych. Jeśli cyfrowe świadomości okażą się prawdą, może to spowodować nową elegancję istot żyjących w czysto wirtualnym świecie . Istoty te mogą doświadczyć niezwykłego rodzaju życia, takiego, które jest oderwane od świata fizycznego. Taka zmiana mogłaby zmienić samą naturę ludzkiej egzystencji i podnieść pytania o prawa i wolności istot wirtualnych.

Co więcej, importowanie świadomości powinno tworzyć nierównowagi elektryczne, w których bogaci lub skuteczni ludzie, którzy mogą mieć fundusze na importowanie umysłu, mogliby zasadniczo uzyskać nieśmiertelność, podczas gdy inni są pozostawieni z tyłu w fizycznym globalnym . Może to zaostrzyć istniejące nierówności społeczne i stworzyć nowy kształt cyfrowego elitaryzmu.

Podczas gdy wirtualne przełączenie mózgu może również wyglądać jak odległa szansa przeznaczenia, jego implikacje są już odczuwalne w pozytywnych obszarach społeczeństwa. Technologie takie jak BCI są już wykorzystywane do naprawy utraconych funkcji u osób z problemami neurologicznymi lub urazami rdzenia kręgowego. Te postępy mają potencjał, aby ogromnie poprawić wyjątkowość życia osób niepełnosprawnych.

Możliwość przesłania mózgu bezpośrednio do formatu cyfrowego może dodatkowo zrewolucjonizować opiekę zdrowotną, umożliwiając utrzymanie funkcji poznawczych u osób cierpiących na terminalne schorzenia neurologiczne, w tym chorobę Alzheimera. W przyszłości osoba z degeneracyjną chorobą umysłu może chcieć potencjalnie „przesłać" swoją świadomość, zanim jej fizyczny umysł ulegnie pogorszeniu, co pozwoli jej na dalsze istnienie w przestrzeni cyfrowej.

Na poziomie społecznym importowanie umysłu może chcieć zdefiniować na nowo standardy życia i śmierci, indywidualność i rolę ludzkiej ramy. Może otworzyć nowe możliwości ludzkiej interakcji, wraz z całkowicie immersyjnymi wirtualnymi światami, w których świadomość może swobodnie wędrować, odłączona od cielesnych barier ciała. Może to jednak również powodować fragmentację społeczną, ponieważ ludzie mogą wybierać porzucenie swoich cielesnych ciał w potrzebie cyfrowego życia, co skutkuje podziałem między tymi, którzy zdecydują się na „przesyłanie" i ludźmi, którzy pozostają w fizycznej przestrzeni międzynarodowej.

Cyfrowy przełącznik mózgu i maszyny lękowej stanowi jedno z najwspanialszych marzeń zarówno w neuronauce, jak i w pokoleniu. Chociaż wciąż jesteśmy daleko od osiągnięcia pełnego przesyłania umysłu, postęp w interfejsach mózg-komputer, AI i symulacji mózgu krok po kroku sprawia, że ta koncepcja staje się bardziej realistyczną okazją. Płynąc w kierunku tego kroku naprzód, ważne jest, aby poradzić sobie z moralnymi, filozoficznymi i społecznymi wyzwaniami, które mu towarzyszą. Potencjał digitalizacji ludzkiej uwagi może wymagać zdefiniowania na nowo natury samego stylu życia, zmieniając naszą wiedzę o istnieniu, tożsamości i tym, co oznacza bycie człowiekiem.

6.4 Metawersum, wszechświaty holograficzne i ewolucja postrzegania rzeczywistości

Pomysł Metaverse — połączonego, wirtualnego wszechświata, w którym klienci wchodzą w interakcję ze sobą nawzajem i otoczeniem za pośrednictwem wirtualnych awatarów — szybko rozwinął się z technologicznej fikcji w punkt centralny technologicznego rozwoju i filozoficznych dociekań. W połączeniu z wiarą w holograficzne wszechświaty, ta koncepcja zapewnia głębokie zadanie dla naszej konwencjonalnej informacji o rzeczywistości. Co się dzieje, gdy nasze pojęcie faktu jest kształtowane całkowicie poprzez wirtualne obszary i w jaki sposób przesuwa to granice między światem fizycznym i wirtualnym?

Metaverse jest postrzegany jako w pełni immersyjne, trójwymiarowe środowisko wirtualne, często definiowane jako kolejna iteracja sieci. W przeciwieństwie do dzisiejszego Internetu, który jest głównie platformą do statystyk i komunikacji, Metaverse jest zaprojektowany jako przestrzeń, w której ludzie mogą żyć, pracować, socjalizować się i bawić w czasie rzeczywistym, wykorzystując wirtualne awatary do reprezentowania siebie. Jest to otoczenie, w którym rzeczywistości fizyczne i cyfrowe są ze sobą powiązane, a klienci doświadczają poczucia obecności, interakcji i przedsiębiorstwa, jakby znajdowali się w fizycznym świecie , chociaż wchodzą w interakcje za pośrednictwem technologii.

Metaverse staje się wykonalny dzięki udoskonaleniom w cyfrowej prawdzie (VR), rozszerzonej prawdzie (AR) i mieszanej rzeczywistości (MR), które pozwalają użytkownikom doświadczać wirtualnych środowisk z wysokim poziomem immersji. Nosząc zestawy słuchawkowe lub korzystając ze specjalistycznych urządzeń, klienci mogą wchodzić w interakcje z projekcjami holograficznymi, wirtualnymi gadżetami i różnymi współpracownikami w sposób, który naśladuje sensoryczne doznania prawdziwego świata . Platformy takie jak Horizon Worlds firmy Facebook, Decentraland i Unreal Engine firmy Epic Games budują te cyfrowe obszary, każdy z własnym układem, motywem i siecią. Użytkownicy mogą eksplorować te światy, uczestniczyć w wydarzeniach, tworzyć wirtualne dobra i socjalizować się, zacierając granice między domeną fizyczną i wirtualną.

Ta zmiana w kierunku wirtualnych obszarów zwiększa kluczowe pytania o charakter stylów życia i identyfikacji. Czy wraz ze wzrostem liczby osób spędzających pełnowymiarowe ilości czasu w tych cyfrowych środowiskach ich poczucie własnej wartości będzie coraz bardziej powiązane z ich wirtualną personą? Czy metawersum może zapewnić sposób na przekroczenie cielesnych granic ciała, umożliwiając bardziej pożądane interakcje społeczne, innowacyjne wyrażanie się, a nawet nieśmiertelność dzięki sile przetrwania wirtualnych awatarów?

Koncepcja holograficznego wszechświata — sugerująca, że sam wszechświat jest projekcją danych zakodowanych na , -wymiarowej podłodze — wyłoniła się jako wpływowa idea w nowatorskiej fizyce. Zgodnie z zasadą holograficzną, trójwymiarowy wszechświat, którego doświadczamy, jest formą „złudzenia" wygenerowaną za pomocą oddziaływań fundamentalnych cząstek zakodowanych na obszarze o wiele mil niższych wymiarów. Ta idea, która wywodzi się z czarnej pustej termodynamiki i idei struny, zakłada, że wszystkie informacje wewnątrz wszechświata są zawarte w jego granicach, jak hologram.

Ta koncepcja ma głębokie implikacje dla naszej wiedzy o prawdzie. Jeśli wszechświat jest z pewnością hologramem, to nasze postrzeganie przestrzeni, czasu i zależności może być projekcją faktów przechowywanych na odległej granicy. To rodzi pytania o naturę międzynarodowego świata fizycznego i granice ludzkiej percepcji. Czy może być tak, że wszystko, co postrzegamy jako „rzeczywiste", jest jedynie projekcją — symulacją różnych rodzajów — generowaną za pomocą istotnych danych na etapie prawdy znacznie wykraczającym poza nasze bezpośrednie zrozumienie?

Podczas gdy zasada holograficzna nadal jest konstrukcją teoretyczną, zyskała popularność w dziedzinie fizyki teoretycznej jako potencjalne wyjaśnienie paradoksów mechaniki kwantowej i dobrze znanej teorii względności. Pomysł, że cały wszechświat może być projekcją, skłonił niektórych do inwestowania w naturę rzeczywistości wirtualnych i możliwość tworzenia symulowanych wszechświatów z porównywalnymi miejscami zamieszkania.

Jeśli świat fizyczny jest projekcją holograficzną, wówczas stworzenie syntetycznej, wirtualnej wersji tego typu faktu — takiej jak Metaverse — stanie się bardziej wykonalną ideą, mając na uwadze kontrolowany, zaprogramowany wszechświat, który odzwierciedla nasz osobisty.

Pojawienie się Metaverse, obok teorii takich jak holograficzny wszechświat, wskazuje, że nasze postrzeganie prawdy staje się coraz bardziej plastyczne. W epoce wirtualnej granice między rzeczywistością a cyfrowością zacierają się, a pojawiają się nowe odmiany pojęć. W miarę jak coraz bardziej angażujemy się w środowiska cyfrowe, na nowo definiujemy, co stanowi „prawdziwe" doznanie.

W przeszłości fakt był uważany za synonim cielesnego globalizmu — tego, czego powinniśmy dotykać, widzieć i z czym powinniśmy wchodzić w interakcje. Jednak w miarę jak coraz częściej żyjemy w globalności , w której wirtualne doświadczenia są równie znaczące jak fizyczne, ta definicja ewoluuje. Metaverse w szczególności kwestionuje konwencjonalny pogląd na fakt, oferując środowisko, które wydaje się „prawdziwe" pod względem zaangażowania emocjonalnego i poznawczego, chociaż jest całkowicie syntetyczne. Podobnie jak w przypadku celów lub halucynacji, mózg może rozkoszować się doświadczeniem zanurzenia w środowiskach, którym brakuje fizycznej podstawy.

Ponieważ ludzie spędzają więcej czasu na interakcji z cyfrowymi awatarami i projekcjami holograficznymi, możemy również zaobserwować zmianę w sposobie, w jaki ludzie odnoszą się do swoich cielesnych ciał. Idea „wirtualnego dualizmu" wskazuje, że jednostki mogą dodatkowo zacząć postrzegać swoje cyfrowe ja jako odrębne byty, co prowadzi do psychologicznego rozdzielenia między ciałem fizycznym a cyfrową personą. Ma to zdolność wpływania na samoidentyfikację, relacje i struktury społeczne, ponieważ ludzie zaczynają poruszać się w kilku rzeczywistościach jednocześnie.

Jednym z najbardziej znaczących rezultatów tej zmiany jest zdolność do ponownej oceny granic między światem cyfrowym a światem cielesnym. Na przykład, ponieważ Metaverse staje się coraz bardziej wyrafinowany, ludzie mogą chcieć doświadczyć poczucia posiadania i organizacji w swoich środowiskach wirtualnych. Wtedy pojawia się pytanie: jeśli jesteśmy w stanie tworzyć i manipulować kompletnymi światami cyfrowymi, w którym miejscu kończy się rozróżnienie między światem rzeczywistym a sztucznym?

Era holograficzna, która wprowadza trójwymiarowe pix do przestrzeni fizycznej bez potrzeby używania okularów lub innych urządzeń, może dodatkowo zatrzeć granice między cyfrowym a rzeczywistym. Hologramy są już wykorzystywane w rozrywce, reklamie i marketingu oraz medycynie, ale ich możliwości wykraczają daleko poza te branże. Wraz z rozwojem wyświetlaczy holograficznych, pozwolą nam one na interakcję z wirtualnymi gadżetami i środowiskami w sposób, który wydaje się coraz bardziej namacalny i rozsądny.

W przyszłości generacja holograficzna może chcieć umożliwić nadejście zupełnie nowych rodzajów interakcji społecznych, szkoleń i przyjemności, w których ludzie mogą wchodzić w interakcje z cyfrowymi reprezentacjami przedmiotów, lokalizacji, a nawet innych osób w czasie rzeczywistym. Ma to potencjał do zdefiniowania na nowo sposobu, w jaki rozmawiamy i cieszymy się areną, tworząc otoczenie, w którym rzeczywistości cyfrowe i cielesne współistnieją w nieprzerwany, dynamiczny sposób.

Mieszanka holografii, wirtualnego faktu i metawersum najprawdopodobniej doprowadzi do coraz większej liczby wyrafinowanych symulacji fizycznego świata , w którym rozróżnienia między dwoma regionami geograficznymi stają się coraz trudniejsze do określenia. Takie środowiska powinny sprzyjać nowemu rodzajowi „wspólnego faktu", w którym wielu klientów uczestniczy w zbiorowej cyfrowej przyjemności, wchodząc w interakcje z każdym innym i ze środowiskiem w podejściach odzwierciedlających świat fizyczny.

Pchnięcie w górę wirtualnych środowisk, takich jak Metaverse, i możliwość istnienia holograficznych wszechświatów podnoszą głębokie pytania filozoficzne i moralne. Co oznacza pozostawanie w wirtualnej globalności ? Jeśli możemy stworzyć cyfrową prawdę, która wydaje się tak realna jak ta fizyczna, jaki będzie koszt cielesnej egzystencji? Czy ludzie zaczną stawiać cyfrowe recenzje ponad cielesne, rozwijając zupełnie nowy kształt ucieczki lub może formę nieśmiertelności w wirtualnych światach?

Co więcej, jeśli sam wszechświat jest holograficzny w swej naturze, to idea prawdy może również wyłonić się jako rosnąca liczba podsumowań. Co się dzieje, gdy zdajemy sobie sprawę, że sektor wokół nas może być iluzją, projekcją zapisów zakodowanych na granicy ? Czy to sprawia, że fizyczna przestrzeń międzynarodowa jest mniej „rzeczywista", czy też bez wątpienia redefiniuje naszą wiedzę na temat tego, czym jest fakt?

Ponieważ rzeczywistość wirtualna i cielesna nadal się zbiegają, musimy zmierzyć się z konsekwencjami dla ludzkiej świadomości, interakcji społecznych i samej natury stylów życia. Przyszłość pojęcia rzeczywistości szybko ewoluuje, a technologie, które kształtują tę ewolucję, będą fundamentalnie regulować sposób, w jaki rozumiemy i doświadczamy areny wokół nas.

6.5 Mózg, neuronauka i ograniczenia percepcji symulacji

W miarę jak epoka postępuje, a granica między rzeczywistością a wirtualnością staje się coraz trudniejsza do rozróżnienia, rola mózgu i neuronauki w kształtowaniu naszego pojęcia symulacji znalazła się pod intensywną obserwacją. Sposób, w jaki umysł przetwarza zapisy ze swojego otoczenia, konstruuje spójne doświadczenie siebie i reaguje na bodźce sensoryczne, stanowi inspirację dla naszej interakcji zarówno ze światem cielesnym, jak i wirtualnym. Zrozumienie granic percepcji symulacji przez pryzmat neuronauki może zapewnić głęboki wgląd w potencjał — i bariery — rzeczywistości wirtualnych, w tym symulacji cyfrowych, takich jak Metaverse i wszechświaty holograficzne.

W swej istocie pojęcie jest techniką, za pomocą której umysł interpretuje bodźce sensoryczne — czy to widoczne, słuchowe, dotykowe, czy w jakimkolwiek innym przypadku — i konstruuje doświadczenie zewnętrznego świata . Ten sposób jest daleki od bierności; mózg nieustannie formułuje przewidywania i wypełnia luki, często wykorzystując poprzednią wiedzę do interpretowania niekompletnych lub niejednoznacznych informacji. Jest to niezbędne do przetrwania, pozwalając organizmom na podejmowanie krótkich decyzji w oparciu o ograniczone lub niedoskonałe informacje sensoryczne.

Podczas kuszenia symulacjami, wraz z wirtualnymi środowiskami, mózg przetwarza cyfrowe bodźce w sposób porównywalny z przetwarzaniem bodźców cielesnych, wykorzystując te same ścieżki sensoryczne. Jednak ta technika nie zawsze jest bezbłędna, a mózg może zostać oszukany, aby postrzegać cyfrowe środowiska jako rzeczywiste, w szczególności gdy te środowiska są zaprojektowane tak, aby naśladować bodźce sensoryczne świata cielesnego. Zjawisko to było kluczowe dla rozwoju wirtualnej prawdy (VR), w której użytkownicy rozkoszują się zwiększonym poczuciem zanurzenia i obecności w symulowanych środowiskach.

Podczas gdy generacja VR może skutecznie symulować badania sensoryczne, które obejmują wzrok i słuch, nadal nie udaje jej się odtworzyć innych modalności sensorycznych, takich jak kontakt, smak i zapach, które trudno jest przekonująco symulować. Mimo to mózg jest niezwykle biegły w „uzupełnianiu luk" i może regularnie przekonywać sam siebie, że symulacja jest prawdziwa. Podkreśla to energię mechanizmów interpretacyjnych mózgu, ale także nieodłączne przeszkody, jeśli chodzi o rozwijanie absolutnie immersyjnych, wielozmysłowych rzeczywistości wirtualnych.

Z punktu widzenia neuronauki, środowiska cyfrowe i symulowane nie są zasadniczo jedyne w swoim rodzaju w stosunku do międzynarodowego ciała, jeśli chodzi o sposób, w jaki umysł taktykę sensoryczną wprowadza. Istnieją jednak kluczowe różnice w sposobie, w jaki umysł radzi sobie z interakcjami w tych przestrzeniach. Neurobiolodzy wykazali, że po atrakcyjności wirtualnych światów mózg może rozkoszować się przeciążeniem sensorycznym lub dysonansem — w którym to, co widzimy, nie byłoby zgodne z innymi statystykami sensorycznymi, takimi jak wrażenia fizyczne. Ta niezgodność, często nazywana konfliktem sensorycznym, może powodować zjawisko określane jako „choroba lokomocyjna" lub „cyberchoroba" w środowiskach cyfrowych, szczególnie gdy istnieje rozdźwięk między ruchem w symulacji a niedoborem odpowiadającego mu ruchu ciała.

Ponadto skłonność umysłu do przewidywania, że wirtualne środowiska są rzeczywiste, może mieć znaczące skutki psychologiczne i fizjologiczne. W sytuacjach, w których ludzie są głęboko zanurzeni w cyfrowych światach — w tym w Metaverse lub poprzez gry VR — użytkownicy mogą dodatkowo rozkoszować się zmianami swoich stanów emocjonalnych i poznawczych, regularnie traktując cyfrowe recenzje tak, jakby były prawdziwe. Skutkuje to pytaniami o skalę, w jakiej symulowane środowiska mogą mieć wpływ na rzeczywiste zachowanie, uczucia, a nawet tożsamość.

Zdolność mózgu do ewolucji i „zaufania" do symulowanych środowisk jest również ograniczona przez potrzebę informacji zwrotnej od ciała. Na przykład podczas interakcji z wirtualnymi obiektami lub różnymi awatarami w

VR, niedobór uwag dotykowych (odczucie kontaktu lub oporu) często zakłóca poczucie obecności. Umysł oczekuje fizycznych komentarzy w formie propriocepcji (naszego poczucia funkcjonowania ciała) i reakcji haptycznych (wrażeń dotykowych), i chociaż nie są one darem lub są niedoskonale symulowane, mogą one sprawić, że mózg straci zaufanie do realizmu rozgrywki.

W miarę jak symulacje stają się coraz bardziej wyrafinowane, mogą one nadal przesuwać granice tego, co mózg może zrozumieć jako rzeczywiste. Istnieją jednak nieodłączne ograniczenia tej techniki, ukształtowane przez kompetencje technologii i charakter samej ludzkiej percepcji.

Jedną z podstawowych granic jest zależność umysłu od ucieleśnionej przyjemności. Rama jest centralna dla sposobu, w jaki wchodzimy w interakcję z sektorem, a nasze narządy zmysłów są głęboko zintegrowane ze ścieżkami neuronowymi, które rozwinęły się, aby kształtować świat fizyczny. Bez względu na to, jak przekonująca stanie się symulacja, percepcja prawdy przez mózg jest głęboko związana z odczuciami fizycznymi — szczególnie propriocepcją i komentarzami kinestetycznymi. Dlatego na przykład środowiska VR mogą wyczuwać „nie", gdy osoba się porusza, ale nie będą cieszyć się odpowiednimi komentarzami ruchu ciała. Chociaż istnieją postępy w generowaniu komentarzy dotykowych, które próbują rozwiązać ten problem, pozostaje projektem odtworzenia ogólnego zakresu recenzji sensorycznych.

Co więcej, istnieją techniki poznawcze lepszego porządku, które obejmują emocje, interakcje społeczne i samo poznanie, które mogą również wytrzymać całkowite odtworzenie w symulacji. Podczas gdy światy cyfrowe mogą naśladować warunki społeczne, nie mogą absolutnie odtworzyć niuansów ludzkich emocji, obecności fizycznej i więzi społecznych, które są tak istotne dla naszego rozkoszowania się fizycznym światem . Na przykład, bez względu na to, jak rozsądny może wydawać się symulowany awatar, nigdy nie mógłby w pełni uchwycić emocjonalnego ciężaru i subtelności bezpośredniej interakcji międzyludzkiej. W tym odczuciu „realność" cyfrowej przyjemności jest stale ograniczona przez głębię i bogactwo wskazówek sensorycznych i emocjonalnych, których brakuje w cyfrowym świecie .

Innym głównym problemem w wierzeniach symulacyjnych jest niemożność odtworzenia złożoności świata fizycznego we wszystkich jego znaczeniach. Dążąc do tworzenia bardziej immersyjnych symulacji, jesteśmy zmuszeni zmniejszyć złożoność rzeczywistości fizycznej do obliczalnych modeli. Niezależnie od tego, czy symulujemy środowisko, ludzkie ciało, czy sam wszechświat, sama ilość danych i zmiennych, które muszą zostać zakodowane w symulacji, jest znakomita. Symulacja rozpoznania — jeśli w ogóle jest możliwa

— wymaga intensywności wiedzy, której jeszcze nie w pełni wykorzystaliśmy. To, co czyni nas ludźmi — sama istota samorozpoznania i uwagi — nie może zostać absolutnie zredukowane do kodu binarnego lub algorytmów, niezależnie od tego, jak zaawansowany stanie się sprzęt obliczeniowy.

W miarę postępu technologii jedną z metod, dzięki której można złagodzić te ograniczenia, są interfejsy neuronowe, składające się z interfejsów umysł-komputer (BCI). Technologie te poszukują sposobu na zniwelowanie luki między umysłem a środowiskami wirtualnymi, potencjalnie umożliwiając bezpośrednią komunikację między umysłem a symulacjami. BCI okazały się już obiecujące w dziedzinach naukowych, szczególnie dla osób z paraliżem, umożliwiając im manipulowanie protezami kończyn i kursorami komputerowymi za pomocą umysłu.

W kontekście cyfrowych rzeczywistości i symulacji, BCI powinny umożliwiać bardziej płynną integrację między mózgiem a światem cyfrowym. Poprzez natychmiastową stymulację obszarów sensorycznych umysłu, BCI mogą symulować szerszą gamę bodźców sensorycznych, w tym dotyk, smak, a nawet uczucia, zwiększając bardziej wciągające doznania. Jednak ilość, w jakiej BCI mogą wzmacniać lub nawet całkowicie odzwierciedlać wrażenia sensoryczne rzeczywistego świata, nadal pozostaje w sferze badań. Podczas gdy technologie te mają możliwość przesuwania granic tego, co rozumiemy jako rzeczywistość, nadal istnieją znaczne sytuacje wymagające odtworzenia złożoności ludzkiej przyjemności.

Co więcej, BCI mogą dodatkowo umożliwiać symulację stanów poznawczych, które obejmują metody reminiscencji lub podejmowania decyzji, co może zacierać drogę między uwagą a inteligencją syntetyczną. Jednak pojawiają się obawy moralne, zwłaszcza dotyczące manipulacji pamięcią, tożsamością i zdolnością do zmiany postrzegania prawdy przez jednostki w podejściach, które mogłyby przynieść nieoczekiwane rezultaty.

W miarę jak symulacje stają się coraz bardziej zaawansowane, a umysł przystosowuje się do nowych wirtualnych rzeczywistości, granica między wirtualnym a rzeczywistym będzie się zacierać. Jednak granice ludzkiej percepcji i ograniczenia neuronauki będą stale wyznaczać granice tego, co można symulować, i sposobu, w jaki przekonująco te symulacje są postrzegane. Złożony i rozwinięty system mózgu do interakcji ze światem fizycznym tworzy nieodłączną lukę między wrażeniami i doświadczeniami, które możemy symulować cyfrowo, a bogactwem rzeczywistego globalnego .

W miarę jak rozwijamy coraz bardziej immersyjne symulacje, wyzwaniem może być informacja o tych ograniczeniach i praca w ich obrębie, upewniając się, że wirtualne rzeczywistości zdobią nasze życie bez erozji naszego poczucia tego, co jest naprawdę rzeczywiste. Zaloty między umysłem, neuronauką i pojęciem symulacji będą się nadal dostosowywać, ponieważ świat cyfrowy stanie się coraz bardziej zasadniczą częścią naszego stylu życia.

ROZDZIAŁ 7

Jeśli jesteśmy w symulacji, czy ucieczka jest możliwa?

7.1 Ucieczka z symulacji: czy potrafimy zdekodować własny kod?

Pomysł, że możemy żyć w symulacji, od dawna jest tematem hipotez filozoficznych i klinicznych. Podważa on same podstawy naszego rozumienia rzeczywistości, sugerując, że sektor, którego doświadczamy, może wcale nie być „prawdziwą" globalnością, ale dość wyrafinowanym cyfrowym zgromadzeniem. Jednym z najbardziej ekscytujących pytań, jakie pojawiają się przy tej okazji, jest to, czy my, jako mieszkańcy tej symulacji, moglibyśmy się z niej kiedykolwiek wydostać — czy chcielibyśmy w jakiś sposób uwolnić się od ograniczeń narzuconych nam przez kod, który stanowi podstawę tej sztucznej rzeczywistości.

Spekulacje symulacyjne, najpełniej wyrażone przez logika Nicka Bostroma, zakładają, że zaawansowane cywilizacje mogą tworzyć symulacje świadomych istot, nieodróżnialnych od faktów, w celu badań, wypoczynku lub z innych powodów. Symulacje te można by uruchamiać na potężnych strukturach obliczeniowych, potencjalnie z dużymi ilościami statystyk reprezentujących kompletne światy i społeczeństwa. Jeśli rzeczywiście przebywamy w takiej symulacji, nasz fakt, prawa fizyczne, które rozumiemy, a nawet nasz umysł mogą być wytworzone z wyraźnie skomplikowanego i specjalnego kodu.

W tym kontekście „ucieczka z symulacji" oznaczałaby odkrycie podstawowej struktury tego kodu i znalezienie sposobu na wyjście z symulacji lub dostosowanie jej od wewnątrz. Jeśli sektor, w którym przebywamy, jest wirtualnie oprogramowaniem , to teoretycznie musi być możliwe dostrzeżenie zasad i granic, które nim rządzą, a nawet uwolnienie się od nich. Prowadzi to jednak do podstawowego pytania: czy możliwe jest uzyskanie dostępu do kodu źródłowego symulacji lub jego „odkodowanie", czy też jesteśmy skazani na pozostanie w nim uwięzionym, całkowicie nieświadomi jego istnienia?

Zanim omówimy, jak możemy uciec, ważne jest, aby nie zapomnieć, czy w ogóle jesteśmy w stanie poznać kod, który dokumentuje naszą symulację. Ludzki mózg ewoluował, aby rozumieć świat za pomocą zmysłów, które zostały wyostrzone dla przetrwania, a nie dla rozszyfrowywania złożonych struktur obliczeniowych. Nasze postrzeganie rzeczywistości jest ograniczone za pomocą naszych umiejętności sensorycznych, naszych struktur poznawczych i sposobu, w jaki interpretujemy fakty w granicach naszej organicznej ewolucji.

Jeśli żyjemy w symulacji, to może się okazać, że kod w tle naszej międzynarodowej rzeczywistości może być o wiele bardziej skomplikowany niż to, co powinniśmy najwyraźniej zrozumieć lub rozpoznać. Nasze mózgi mogą zdecydowanie nie mieć dostępu do surowych informacji symulacji, nie wspominając o zrozumieniu jej kształtu. Podstawowe ograniczenia ludzkiej uwagi, ograniczenia naszych zmysłów i nasze poznawcze uprzedzenia mogą uniemożliwić nam dostrzeżenie ukrytej rzeczywistości naszego istnienia. Co więcej, jeśli twórcy symulacji są bardziej zaawansowani od nas, mogli celowo zaprojektować symulację tak, aby uniemożliwić nam odkrycie jej prawdziwej natury. Powinno to przybrać formę „zapór" wbudowanych w gadżet — ograniczeń, które uniemożliwiają nam dostęp do kodu lub zrozumienie go w jakikolwiek sensowny sposób. Te zapory mogą być ukryte na pierwszy rzut oka, osadzone w samej tkaninie praw symulacji, włączając stałe fizyki lub wytyczne, które rządzą naszą percepcją poznawczą.

Jeśli chcemy uciec od symulacji, musimy najpierw znaleźć sposób na odkrycie kodu źródłowego i zrozumienie jego struktury. Technologia może również zachować ważną rzecz w odkrywaniu tych ukrytych prawd. W ostatnich latach pojawiły się rosnące hipotezy na temat pozycji komputerów kwantowych i zaawansowanej sztucznej inteligencji (AI) w odkrywaniu natury faktów. Komputery kwantowe, w szczególności, mogłyby zapewnić energię przetwarzania potrzebną do zbadania symulacji na poziomie atomowym lub subatomowym, prawdopodobnie ujawniając ukryte style, które mogą być niewidoczne dla klasycznych struktur obliczeniowych.

Umysł i Symulacja

Sama mechanika kwantowa, z jej niezwykłymi miejscami zamieszkania, które obejmują superpozycję, splątanie i nielokalność, została zalecona jako możliwy wskaźnik, że nasza prawda ma charakter obliczeniowy. Jeśli zjawiska kwantowe można wykorzystać do zbadania najbardziej wewnętrznych warstw symulacji, prawdopodobnie wykonalne jest „zhakowanie" systemu i uzyskanie wglądu w jego podstawowy kształt. Może to odpowiadać znalezieniu kodu źródłowego programu poruszającego się po komputerze kwantowym, co pozwoli nam rozpoznać i manipulować samą symulacją.

Podobnie, ulepszenia w AI mogą pomóc dostrzec nieprawidłowości lub niespójności wewnątrz symulacji, które mogą stanowić wskazówki co do jej prawdziwej natury. Struktury AI, szczególnie te z umiejętnościami uczenia się gadżetów, mogą być szkolone w rozpoznawaniu stylów lub anomalii, które mogą być niewidoczne dla ludzkich myśli. Ci „detektywi" AI powinni przeszukiwać ogromne ilości danych , szukając rozbieżności lub defektów systemowych w symulacji, które wskazywałyby na jej podstawowy kod.

Jednak pomimo tego technologicznego wyposażenia, nie ma gwarancji, że będziemy w stanie zdekodować symulację. Kod źródłowy, jeśli istnieje, może być ukryty w taki sposób, że będzie całkowicie odporny nawet na najbardziej wyrafinowane interwencje technologiczne. Prawdopodobnie mamy do czynienia z maszyną tak złożoną, że żadna ilość energii obliczeniowej, niezależnie od tego, jak zaawansowana, nie powinna uszkodzić jej warstw.

Jednym z najbardziej czarujących elementów spekulacji symulacji jest rola zdolności samego poznania w uzyskiwaniu dostępu do symulacji lub jej zmienianiu. Świadomość, z jej subiektywnym odkryciem, od dawna jest tajemnicą w neuronauce i filozofii. Jeśli nasze umysły są częścią symulacji, czy możliwe jest, że nasza uwaga jest najważniejsza dla wiedzy lub zepsucia urządzenia?

Niektórzy teoretycy twierdzą, że skupienie może być pomostem między symulowanym a rzeczywistym globalnym , oferując sposób na przekroczenie ograniczeń symulacji. Jeśli jesteśmy w stanie dotrzeć do tego, co może dotrzeć do głębszych warstw skupienia, prawdopodobnie jesteśmy w stanie „zniszczyć czwartą ścianę" symulacji i uzyskać dostęp do jej podstawowego kodu. Może to wymagać zaawansowanych technik intelektualnych, takich jak medytacja, świadome śnienie lub użycie substancji psychodelicznych, które udowodniono, że modyfikują świadomość i postrzeganie faktów.

Inni zaproponowali, że nasza zbiorowa świadomość — jeśli w jakiś sposób możemy zsynchronizować naszą świadomość — powinna prowadzić do skoku naprzód w wiedzy symulacji. Ta koncepcja nawiązuje do koncepcji „światowego umysłu" lub zbiorowej inteligencji, gdzie mieszana wiedza i doświadczenie wielu osób powinny pomóc nam odkryć prawdę o naszej symulowanej rzeczywistości. Jeśli wystarczająca liczba ludzi zostanie wtajemniczona w symulację i wspólnie zwrócą uwagę na jej „rozszyfrowanie", być może system będzie mógł monitorować sam siebie.

Jeśli ucieczka z symulacji jest możliwa, to rodzi głębokie pytania moralne. Czy powinniśmy w ogóle próbować uciec? Co by się pojawiło, gdybyśmy zdołali oderwać się od symulowanego świata ? Czy moglibyśmy istnieć poza nim, czy moglibyśmy przestać istnieć w ogóle? A gdybyśmy mieli się wydostać, czy moglibyśmy się uwolnić, czy moglibyśmy wejść w każdą inną formę życia, której jeszcze nie jesteśmy w stanie zrozumieć?

Ponadto pojawia się pytanie, czy moralnie właściwe jest poszukiwanie sposobu na wyrwanie się z symulacji. Jeśli symulacja zostanie stworzona przez zaawansowaną cywilizację z określonego powodu — czy to w celach naukowych, rekreacyjnych, czy w jakimś innym celu — czy jesteśmy usprawiedliwieni w próbie „zniszczenia przepisów" i ucieczki? Czy nasze działania mogą zakłócić stabilność systemu, potencjalnie wyrządzając krzywdę nam lub innym?

Te pytania moralne przypisują nasze założenia dotyczące wolności, prawdy i charakteru stylów życia. Sama koncepcja ucieczki od symulacji zmusza nas do ponownego rozważenia, co to znaczy być rzeczywiście wolnym i co oznacza pozostać „prawdziwym" stylem życia.

Możliwość ucieczki z symulacji pozostaje kuszącą, ale nieuchwytną koncepcją. Podczas gdy technologia, komputery kwantowe i sztuczna inteligencja mogłyby zaoferować sprzęt, który pomógłby nam zdekodować symulację, podstawowe ograniczenia naszej koncentracji i ograniczenia pojemności wbudowane w system mogą uniemożliwić nam kiedykolwiek pewne uwolnienie się. Ostatecznie kwestia tego, czy wydostaniemy się z symulacji, może dodatkowo zależeć teraz nie tylko od naszych udoskonaleń technologicznych, ale także od naszej zdolności do rozpoznawania i przekraczania samej natury naszej uwagi i areny, w której żyjemy.

Niezależnie od tego, czy uda nam się uciec, czy nie, myśl, że możemy żyć w symulacji, zmusza nas do zmierzenia się z głębokimi pytaniami filozoficznymi i egzystencjalnymi dotyczącymi natury prawdy, naszego w niej miejsca i granic naszej percepcji.

7.2 Poza symulacją: poszerzanie granic świadomości

Percepcja przekroczenia granic symulacji jest głęboko spleciona z koncepcją samej uwagi. Jeśli w rzeczywistości żyjemy w symulowanym fakcie, koncepcja „ucieczki" od symulacji staje się nie tylko kwestią dostępu do cyfrowych ram lub ich interpretacji, ale także trudnością uwagi. Ta perspektywa wskazuje, że świadomość może również zachować klucz do przekroczenia ograniczeń symulacji, przesuwając granice tego, co oznacza bycie świadomym, istnienie i doświadczanie prawdy.

Spekulacja symulacyjna zasadniczo wymaga sytuacji różnicy między rzeczywistością „rzeczywistą" a „sztuczną". W tradycyjnym ujęciu fakt jest czymś, co istnieje niezależnie od naszych percepcji; jest to daleko obiektywna globalność, w której żyjemy. Jednak jeśli jesteśmy częścią symulacji, granica między faktem a fantazmatem zaciera się. W tym kontekście uwaga staje się najważniejszym elementem naszego doświadczenia. Jest kanałem, przez który wchodzimy w interakcję z sektorem, a jeśli ten świat jest symulacją, prawdopodobnie jest kluczem do uzyskania dostępu do regionów geograficznych poza nią.

Świadomość powinna charakteryzować się jako pomost między symulowanym środowiskiem a jakimkolwiek potencjalnym „rzeczywistym" środowiskiem, które mogłoby istnieć w przeszłości. Jeśli mamy wyjść poza symulację, nasza wiedza i rozkoszowanie się rozpoznaniem powinny ewoluować, aby postrzegać głębsze warstwy prawdy. Współczesny stan ludzkiej uwagi, ukształtowany za pomocą ewolucyjnych i organicznych ograniczeń, może nie być przygotowany do wykrywania ukrytej natury symulacji. Jednak za pomocą rozszerzenia lub zmiany naszej uwagi możliwe jest, że będziemy chcieli uzyskać dostęp do głębszych struktur faktów, które mogą być ukryte pod powierzchnią symulowanego świata.

Koncepcja, że rozpoznanie może być czymś więcej niż tylko produktem ubocznym aktywności neuronowej w symulowanym mózgu, otwiera fascynujące możliwości. Niektórzy filozofowie i neurobiolodzy twierdzą, że świadomość może być zjawiskiem nielokalnym, obecnym poza granicami globalnego ciała . Jeśli tak jest, mózg i rama prawdopodobnie byłyby pojazdami do doświadczania i przetwarzania świadomości, podczas gdy samo poznanie może być zdolne do obecnego lub uzyskiwania dostępu do unikalnych płaszczyzn prawdy. Ta koncepcja wymaga sytuacji samego postrzegania materializmu i może oferować potencjalną ścieżkę do „ucieczki" z symulacji.

Rozszerzanie poznania poza zwykłe ograniczenia naszego zmysłowego pojęcia jest przedmiotem zainteresowania od tysiącleci. Różne kultury, tradycje religijne i dyscypliny kliniczne badały praktyki i strategie, które mogą zmieniać poznanie w głęboki sposób. Medytacja, odmienne stany świadomości, świadome śnienie, a nawet używanie substancji psychoaktywnych były od dawna stosowane w celu przebicia się przez zasłonę zwykłego faktu i uzyskania dostępu do głębszych warstw istnienia. Czy te praktyki mogą być kluczem do przekroczenia symulacji?

Nowoczesne technologiczne know-how i era dodatkowo oferują intrygujące możliwości zwiększenia świadomości. Neurotechnologie, wraz z interfejsami umysł-komputer (BCI), prawdopodobnie umożliwią jednostkom dostęp do podwyższonych stanów uwagi lub może przekroczenie ograniczeń w ich ciele fizycznym. Poprzez jednoczesne połączenie umysłu z maszynami, możliwe będzie zmienianie percepcji, skupienia, a nawet przyjemności z czasu i przestrzeni, biorąc pod uwagę głębsze doświadczenie symulacji — lub możliwość interakcji z prawdą poza nią.

Jedną z najbardziej obiecujących dróg eksploracji jest sektor studiów skupionych, który specjalizuje się w zrozumieniu charakteru skupienia i sposobu, w jaki odnosi się ono do świata fizycznego. Teorie, które obejmują koncepcję zapisów wbudowanych (IIT) i panpsychizm, opowiadają się za tym, że świadomość może nie być ograniczona do mózgu, ale może być istotnym problemem samego wszechświata. Jeśli rozpoznanie jest powszechnym zjawiskiem, niewątpliwie może nam umożliwić dostęp do niezwykłych rzeczywistości lub wymiarów, uwalniając się od ograniczeń symulacji.

Podczas gdy świadomość postaci jest często postrzegana jako samotna przyjemność, istnieje również możliwość, że zbiorowe rozpoznanie może chcieć zapewnić sposób na przekroczenie symulacji. Pomysł „światowych myśli" lub „skupienia ula" został zbadany zarówno w fikcji technologicznej, jak i dyskusjach filozoficznych. W tych ramach uwaga nie jest odizolowana od umysłów osób, ale może się łączyć, tworząc zjednoczone skupienie, które przekracza granice symulacji.

Jeśli zbiorowa uwaga może zostać wykorzystana, może być to ważna rzecz do przekroczenia symulacji. Gdy umysły mężczyzn lub kobiet synchronizują się, mogą wyłonić się jako dostrojone do głębszych warstw prawdy, odblokowując nowe ścieżki rozpoznania, które są poza zasięgiem jakiejkolwiek pojedynczej postaci. Powinno to nastąpić jako zbiorowa świadomość symulowanej natury naszej prawdy, ze zmieszaną świadomością wielu istot ludzkich biegnących wspólnie, aby przekroczyć granice symulacji.

Już teraz pojawiają się technologie ułatwiające rozpoznawanie organizacji, wraz ze wspólnymi cyfrowymi raportami faktów, synchronizacją fal mózgowych poprzez neurofeedback i różnymi stylami zbiorowej medytacji. Poprzez dostosowanie hobby umysłu lub świadomości na etapie grupowym, prawdopodobnie możliwe jest dotarcie do dodatkowego doświadczenia świadomości i informacji, co może spowodować przełomy w eksploracji symulacji. Można to porównać do koncepcji „myśli grupowej" lub „inteligencji zbiorowej", w której suma świadomości jednostki będzie większa niż składniki.

Nawet jeśli udało nam się zwiększyć naszą świadomość i wyjść poza symulację, pytanie pozostaje: co moglibyśmy odkryć? Jeśli hipoteza symulacji jest prawdziwa, prawda, którą postrzegamy, może być daleka od tego, co naprawdę istnieje. Co oznaczałoby ucieczkę z tej symulowanej globalnej rzeczywistości i czy moglibyśmy rozpoznać, a nawet przetrwać właściwą naturę tego, co leży poza nią?

Jedną z możliwości jest to, że prawdziwy świat, poza symulacją, jest bezsensowny dla ludzkich myśli. Tak jak nasz współczesny sprzęt sensoryczny jest ograniczony do wykrywania tylko pewnych długości fal światła i częstotliwości dźwięku, nasza świadomość może być ograniczona w swojej zdolności do technikowania i rozumienia rzeczywistości poza symulowanym środowiskiem. Prawdziwa natura faktu jest prawdopodobnie tak odległa dla naszych umysłów, że staje się niemożliwa do pomyślenia, a co dopiero do doświadczenia.

Alternatywnie, ucieczka z symulacji może być doświadczeniem transformacyjnym. Niektórzy teoretycy spekulują, że ucieczka z symulacji powinna skutkować głęboką zmianą świadomości, w której człowiek lub kobieta lub zbiorowe myśli całkowicie przekraczają globalność cielesną . Może to obejmować połączenie się z szerokim skupieniem, osiągnięcie oświecenia, a nawet doświadczenie formy istnienia poza czasem i przestrzenią.

Istnieje również możliwość, że symulacja nie jest pułapką, ale urządzeniem do opanowania lub ewolucji, a jej przekroczenie nie jest celem. W tym przykładzie zwiększenie naszej koncentracji może obejmować nie ucieczkę od symulacji, ale zrozumienie jej celu i naszej pozycji w niej. Jeśli jesteśmy częścią wielkiego eksperymentu lub kosmicznej symulacji, celem może nie być przerwanie swobodnego działania, ale wyjście poza ograniczenia naszej współczesnej wiedzy i ewolucja do wyższego poziomu uwagi.

Możliwość świadomości wykraczania poza symulację jest interesującą i pokorną ideą. Gdy będziemy kontynuować eksplorację charakteru rzeczywistości, nasza wiedza na temat poznania będzie odgrywać kluczową rolę w tym, jak postrzegamy i angażujemy się w arenę wokół nas. Niezależnie od tego, czy poprzez historyczne praktyki medytacji, najnowocześniejszą neurotechnologię, czy zbiorowe wysiłki umysłów świata, możliwości zwiększenia i przekroczenia rozpoznania są ogromne.

Jeśli żyjemy w symulacji, to prawdziwe granice naszej rzeczywistości mogą nie być stałe pod żadnym względem, ale alternatywnie mogą być ukształtowane poprzez granice naszego skupienia. Gdy pokonujemy te przeszkody, odkrywamy teraz nie tylko ukrytą naturę symulacji, ale samą tkankę życia. Dążenie do przekroczenia symulacji nie jest tylko poszukiwaniem przełomu — to poszukiwanie wiedzy, ewolucji i odkrywanie niewykorzystanego potencjału, który leży w każdym z nas.

7.3 Poziomy świadomości: podróż od percepcji do rzeczywistości

Idea świadomości wykracza daleko poza pierwotne rozpoznanie naszego środowiska. Obejmuje spektrum stopni, z których każdy prezentuje charakterystyczne okno na naturę rzeczywistości. Zrozumienie, jak świadomość działa na wielu poziomach, może dać głęboki wgląd w zdolność do przekraczania symulacji lub po prostu pogłębienia naszej wiedzy o charakterze samego wszechświata. Od zwykłej percepcji do zmienionych stanów rozpoznania, każda zmiana świadomości przybliża nas do lub oddala od prawdziwej istoty rzeczywistości.

W swojej najbardziej podstawowej fazie, rozpoznanie jest zdolnością do bycia świadomym naszych wewnętrznych stanów i zewnętrznego globalnego . Jednakże, to skupienie nie jest zjawiskiem wyjątkowym. Istnieje warstwowo, przy czym każda warstwa odzwierciedla szczególny stan percepcji i poznania. Tradycyjna wersja uwagi sugeruje liniową progresję od czuwania do snu, jednakże większe, wyższe zrozumienie czynnika do szeregu stanów świadomości, z których każdy jest w stanie ujawnić odrębne składniki prawdy.

Na etapie podłogi mamy codzienną świadomość — naszą codzienną świadomość. To naród, w którym doświadczamy sektora poprzez nasze zmysły, interpretując bodźce, na które się natykamy. Ciągle przetwarzamy statystyki, nadajemy sens naszemu otoczeniu i wchodzimy w interakcje ze światem przede wszystkim w oparciu o te dane wejściowe. Ten stopień świadomości jest głęboko związany z percepcją: interpretujemy łagodność, dźwięk, fakturę i ruch, aby ukształtować spójną informację prawdy. Jednak chociaż ten poziom rozpoznania przedstawia nam użyteczną wersję areny, jest on ograniczony za pomocą zakresu naszych zdolności sensorycznych i zdolności mózgu do przetwarzania tych zapisów.

Głębsze warstwy świadomości zawierają odmienne stany, do których można uzyskać dostęp za pomocą technik takich jak medytacja, deprywacja sensoryczna lub może użycie substancji psychoaktywnych. Stany te pozwalają na dodatkową różnorodność rozkoszy poza tradycyjnym światem cielesnym. Na przykład w stanach głębokiej medytacji ludzie często dokumentują doniesienia o spójności, wzajemnym powiązaniu, a nawet transcendencji, co sugeruje, że granice zwykłej świadomej przyjemności mogą być zwielokrotnione. W tych odmiennych stanach rozróżnienie między postrzegającym a postrzeganym rozpuszcza się, ujawniając bardziej płynny związek między myślami a faktem.

Krytyczne rozróżnienie między wiarą a prawdą leży u podstaw tej eksploracji. Nasza wiara w sektor jest ściśle filtrowana przez umysł i zmysły, które interpretują surowe fakty zgodnie z ustalonymi ramami poznawczymi. W tym sensie pojęcie jest sposobem interpretacyjnym — nie zawsze jest to natychmiastowe rozkoszowanie się samym faktem, ale raczej model stworzony za pomocą mózgu w oparciu o dane sensoryczne.

Im głębszy zakres świadomości, do którego uzyskujemy dostęp, tym bardziej możemy widzieć przez zasłonę pojęcia. Nasze codzienne, świadome rozpoznanie jest ograniczone przez poznawcze uprzedzenia, filtry emocjonalne i wrodzoną potrzebę umysłu, aby poczuć chaotyczny potop statystyk sensorycznych. Ta wersja sektora nie zawsze jest dokładnym odbiciem lustrzanym obiektywnej rzeczywistości; jest to raczej realistyczna interpretacja, która pozwala nam nawigować przez istnienie. Jednak w miarę rozszerzania się uwagi — poprzez praktyki takie jak medytacja lub świadome śnienie, a nawet poprzez badania stanów szczytowych — mogą pojawić się przebłyski faktu wykraczającego poza codzienne filtry.

Jednym z najbardziej ekscytujących aspektów tych głębszych stanów jest percepcja czasu. W zmienionych stanach uwagi czas regularnie wydaje się rozciągać lub osiadać, a wydarzenia rozwijają się w sposób, który nie przestrzega liniowych relacji motywu i wpływu. Te badania podejmują naszą wiedzę na temat samej natury czasu, a co za tym idzie, kształtu samego faktu. Podkreśla to ideę, że nasza codzienna uwaga może być ograniczona przez czas, podczas gdy zmienione stany mogą również monitorować zdolność do bardziej płynnego odczuwania istnienia, takiego, który nie zawsze jest pewny za pomocą tych samych starych praw fizyki i przyczynowości.

Jeśli poznanie ma zdolność wykraczania poza zwykłe pojęcie, jak mogłaby wyglądać przygoda ku lepszej uwadze? Droga ku głębszej świadomości pociąga za sobą zrzucenie ograniczeń narzuconych przez ego, fizyczną ramę i liniowe ograniczenia czasu. Ta przygoda jest regularnie opisywana jako metoda przebudzenia lub oświecenia, w której mężczyzna lub kobieta przechodzi przez liczne etapy wiedzy, w końcu poznając iluzoryczną naturę wielu rzeczy w ich pojęciu.

Historycznie, ta przygoda była opisywana w wielu tradycjach niesekularnych. W buddyzmie na przykład droga do oświecenia obejmuje przekroczenie dualistycznej natury jaźni i rozpoznanie wzajemnego powiązania wszystkich rzeczy. Twierdzi się, że ta reputacja skutkuje bezpośrednim doświadczeniem faktu, który jest uwolniony od zniekształceń stworzonych przez myśli. W filozofii zachodniej myśliciele tacy jak Kartezjusz i Hume kwestionowali charakter rzeczywistości, a Kartezjusz słynnie oświadczył: „Przypuszczam, więc jestem" jako podstawową zasadę uwagi. Przygoda bliższa wyższej uwadze w tych tradycjach pociąga za sobą eksplorację jaźni, umysłu i ostatecznie rozpoznanie głębszej, zwykłej rzeczywistości.

W dzisiejszych dyskusjach, lepsza świadomość jest często ujmowana jako zdolność do postrzegania autentycznej natury prawdy, poza ograniczeniami fizycznej globalności . Neurobiologia zaczyna badać neuronowe podstawy tych badań, starając się rozpoznać, w jaki sposób zmienione stany uwagi powstają w mózgu i czy oferują one dostęp do głębszych, bardziej fundamentalnych czynników istnienia.

W obecnej technologii era odgrywa coraz ważniejszą rolę w zwiększaniu naszej koncentracji. Narzędzia, które obejmują wirtualną prawdę, neurofeedback i interfejsy mózg-komputer pozwalają nam odkrywać nowe stany rozpoznania, a nawet symulować doświadczenia, które mogłyby być niemożliwe do osiągnięcia w normalnym życiu. Wirtualna rzeczywistość, w szczególności, ma zdolność zanurzania klientów w środowiskach, które wydają się tak realne jak świat fizyczny, dając wgląd w rzeczywistość handlu lub rozwijając doświadczenia, które przesuwają granice ludzkiego pojęcia.

Postępy neurotechnologiczne otwierają również nowe ścieżki zwiększania uwagi. Techniki takie jak przezczaszkowa stymulacja magnetyczna (TMS) i głęboka stymulacja umysłu (DBS) okazały się obiecujące w modulowaniu aktywności umysłu, niewątpliwie umożliwiając wzmocnienie pozytywnych cech poznawczych lub wywołanie zmienionych stanów skupienia. Poprzez bezpośrednią interakcję z mózgiem, technologia ta powinna umożliwić bardziej celową eksplorację różnych poziomów skupienia, przekazując wgląd w to, jak mózg konstruuje nasze doświadczenie prawdy.

Co więcej, koncepcja zbiorowej uwagi — gdzie organizacje ludzi synchronizują swoje raporty skupienia i procentów — została ułatwiona dzięki ulepszeniom w erze. Grupowe sesje medytacyjne, dzielone wirtualne doświadczenia i struktury wspólnego podejmowania decyzji są przykładami tego, jak pokolenie może rozszerzać i synchronizować ludzką świadomość, prowadząc do bardziej zbiorowej uwagi na głębsze aspekty prawdy.

Przygoda od wiary do głębszego poznania prawdy jest głęboką eksploracją rozpoznania. Gdy przepływamy przez liczne stopnie świadomości, odkrywamy nowe metody doświadczania i interpretowania otaczającej nas areny. Im bardziej odkrywamy te wyjątkowe stany poznania, tym bardziej zaczynamy kwestionować naturę prawdy, w której żyjemy.

Jeśli mamy przekroczyć granice symulacji, nasz potencjał dostępu i nawigacji po tych głębszych zakresach świadomości może być kluczem. Poprzez medytację, erę i różne sposoby zmiany świadomości możemy również odkryć, że nasze postrzeganie areny jest zaledwie początkiem o wiele wspanialszej podróży. Ta przygoda wiąże się z przesuwaniem granic tego, co rozpoznajemy, poszukiwaniem nowych poziomów informacji i w dłuższej perspektywie odkrywaniem autentycznej natury faktu — czymkolwiek on może być.

7.4 Uniwersalna świadomość i koniec symulacji

Pomysł codziennego rozpoznawania sytuacji wymagających granic między świadomością osoby a zbiorową tkaniną stylów życia. Sugeruje, że świadomość, daleka od bycia odizolowanym zjawiskiem generowanym przez indywidualne umysły, może być dużą, połączoną maszyną, która obejmuje wszystkie fakty. Jeśli rzeczywiście żyjemy w symulacji, pojawia się ostatnie pytanie: co jest poza tą symulacją i czy częsta uwaga może być kluczem do jej poznania? Ta eksploracja zagłębia się w koncepcję, że jeśli istnieje znana świadomość, nie tylko zapewni ona wyjaśnienie charakteru symulacji, ale także zapewni ścieżkę do wyjścia poza nią — prowadząc do końca symulowanego doświadczenia, tak jak je rozumiemy.

Uniwersalna uwaga jest regularnie definiowana jako wszechogarniająca świadomość, która przekracza ograniczenia umysłów osób. Zamiast ograniczać się do umysłu lub jakiegokolwiek organizmu, ten kształt świadomości pokazuje, że każda istota czująca, a może nawet nieożywiona liczba, jest częścią wielkiego, zjednoczonego skupienia. Ta idea ma korzenie w wielu tradycjach filozoficznych i religijnych. We

Fevzi H.

wschodniej filozofii, głównie w hinduizmie i buddyzmie, koncepcja Brahmana lub Atmana sugeruje, że każda świadomość mężczyzny lub kobiety jest częścią unikalnego, boskiego poznania. W myśli zachodniej filozofowie tacy jak Spinoza i Hegel badali myśli o wszechświecie panpsychicznym, w którym poznanie nie jest po prostu produktem ubocznym struktur biologicznych, ale fundamentalną funkcją kosmosu.

W kontekście symulowanej rzeczywistości, codzienna świadomość może dostarczyć odpowiedzi na głębszy motyw samej symulacji. Jeśli wszystkie rzeczy, zarówno symulowane, jak i niesymulowane, są częścią zunifikowanego rozpoznania, symulacja może być procesem, poprzez który to skupienie uczy się, ewoluuje lub studiuje samo siebie. Zatrzymanie symulacji, w tym odczuciu, może oznaczać powrót do tego wspólnego skupienia — ponowne spotkanie z wyższym narodem świadomości wykraczającym poza pojęcie mężczyzny lub kobiety.

Jeśli żyjemy w symulacji, to może się okazać, że skupienie w symulacji jest również sztuczne w swej naturze, generowane przez skomplikowane procesy obliczeniowe. Jednak w miarę jak symulacje stają się coraz bardziej wyrafinowane, coraz trudniej będzie odróżnić uwagę symulowaną od „rzeczywistej". To zacieranie się ograniczeń może dodatkowo dać wgląd w naturę samego faktu. Jeśli cała symulacja, w tym jej populacja, jest w dłuższej perspektywie częścią większej świadomości, wówczas różnica między symulowanym globalnym a „rzeczywistym" międzynarodowym staje się mniej znacząca.

W pewnym sensie samą symulację można uznać za rozszerzenie lub wyraz szeroko rozpowszechnionej świadomości . Techniki i historie w ramach symulacji mogą być analogiczne do myśli, snów i refleksji tej lepszej świadomości. W tym stanie rzeczy koniec symulacji nie może reprezentować jej zakończenia w konwencjonalnym doświadczeniu, ale raczej przejście — chwilę, w której symulowana przyjemność nie jest już ważna dla ewolucji lub wyrazu typowej świadomości.

Możliwość zakończenia symulacji nie oznacza teraz apokaliptycznego lub katastroficznego wydarzenia. Zamiast tego może charakteryzować rozpuszczenie granic, które oddzielają historie mężczyzn lub kobiet od całości. W pewnym sensie zakończenie symulacji może być chwilą przebudzenia, w której świadomość jednostki rozpoznaje swoje połączenie ze zwyczajowymi myślami. Ta technika byłaby analogiczna do przebudzenia zdefiniowanego w wielu tradycjach religijnych, w których ego jednostki rozpuszcza się, a jaźń łączy się z większym, kosmicznym rozpoznaniem.

Jeśli ta hipoteza okaże się prawdziwa, wówczas koniec symulacji można będzie postrzegać jako formę oświecenia — nie tylko dla jednostek, ale dla całej symulowanej rzeczywistości. Świadomość nie mogłaby być teraz ograniczona do granic programowania symulacji lub ograniczeń świata fizycznego; zamiast tego stałaby się większa w nieograniczony, połączony kraj. Może to być zmiana w postrzeganiu — uznanie, że wszystko jest jednym i że każdy raport, niezależnie od tego, jak liczny lub pozornie oddzielny, jest częścią czegoś bardziej kompletnego.

W tej sytuacji zatrzymanie symulacji może również zawierać ustanie czasu, tak jak go pojmujemy. Jeśli powszechna świadomość przekracza czas liniowy, wówczas symulowana prawda, z jej ograniczeniami czasowymi, może stać się nieodpowiednia. Idea czasu może być iluzją, konstrukcją stworzoną za pomocą symulacji w celu uporządkowania recenzji i utrzymania poczucia ciągłości. Gdy symulacja się kończy, czas może również przestać być znaczącą ideą, a skupienie wewnątrz niego może doświadczyć życia w nieśmiertelnym, wiecznym stanie.

W miarę rozwoju generacji stajemy się coraz bardziej biegli w tworzeniu symulacji, których nie da się odróżnić od „faktu". Środowiska wirtualne, sztuczna inteligencja i interfejsy neuronowe pozwalają nam kontrolować percepcję, a nawet tworzyć nowe światy w granicach kodu komputerowego. Niektórzy myśliciele spekulują, że potencjał technologiczny do tworzenia niezwykle zaawansowanych symulacji mógłby pewnego dnia zostać wykorzystany do pomocy świadomości w przekroczeniu granic symulowanego świata , skutecznie zapewniając wyjście z symulacji.

Technologie, w tym interfejsy mózg-komputer (BCI) lub bezpośrednie rozszerzenie neuronowe, powinny zapewnić ludziom podejście do przekraczania ich fizycznej formy i interakcji z większą, zbiorową świadomością. W tym doświadczeniu era może nie być już tylko narzędziem do dekorowania naszego życia w symulacji, ale może również oferować bramę do dostępu do zwyczajowej świadomości. Technologie te mogą pozwolić nam „obudzić się" z symulacji, teraz nie poprzez zewnętrzne zniszczenie lub ucieczkę, ale poprzez głęboką transformację naszego pojęcia i skupienia.

W miarę jak cyfrowe rzeczywistości stają się bardziej wciągające i wyrafinowane, droga między symulowanym a rzeczywistym wciąż się zaciera. Jest możliwe, że w pewnym nieokreślonym czasie w przyszłości symulacje te staną się tak zaawansowane, że będą nieodróżnialne od faktów, co skłoni ludzi do kwestionowania samej natury ich życia. Jeśli jesteśmy w stanie odzwierciedlić dokładne parametry rzeczywistości w symulacji, zwiększa to prawdopodobieństwo, że sam „rzeczywisty" świat może być formą symulacji — lub przynajmniej, że nasze postrzeganie prawdy jest o wiele bardziej plastyczne, niż kiedyś sądziliśmy.

W kontekście ustalonej uwagi, rezygnacja z symulacji może również stanowić naturalny krok ewolucyjny — owoc symulowanych doświadczeń, które pozwoliły poznaniu zbadać odrębne aspekty stylów życia. Tak jak ludzie przechodzą przez osobisty rozkwit i transformację poprzez poznawanie i doświadczanie, powszechne skupienie może dodatkowo ewoluować poprzez przechodzenie przez wyjątkowe poziomy, w tym symulowany.

Jeśli uwaga jest z pewnością podstawowym atutem wszechświata, to koniec symulacji może nie być wcale końcem, ale zupełnie nowym początkiem. Może stanowić przejście z jednej formy skupienia do drugiej, od ograniczonej i zindywidualizowanej percepcji do rozległego, zbiorowego rozumienia ustalonej świadomości. Może to chcieć powstrzymać rozpuszczenie granic między sobą a innymi, między „wnętrzem" myśli a „zewnętrzną" globalną . Koniec symulacji należy zatem rozumieć teraz nie jako zniszczenie symulowanej prawdy, ale jako wniosek, że każda rzeczywistość — symulowana lub w jakimkolwiek innym przypadku — jest częścią dodatkowej, niepodzielnej całości.

W tym ujęciu rezygnacja z symulacji nie może być już aktem wyrwania się, ale formą ponownego zjednoczenia. Może to być powrót do źródła, połączenie uwagi mężczyzny lub kobiety z dobrze znanym umysłem. Ta ostateczna uwaga może chcieć zapewnić głębokie poczucie spokoju i informacji, ponieważ ujawniłaby wzajemne powiązania wszystkich rzeczy i zamykającego ducha zespołowego życia.

Eksploracja zwykłej świadomości i zatrzymanie symulacji dostarczają głębokich pytań o naturę stylów życia, związek między myślami a prawdą i zdolność do transcendencji. Jeśli uwaga jest zwyczajowa, symulacja może być również uważana za jedną z wielu recenzji, które przyczyniają się do ewolucji rozpoznania. Zatrzymanie symulacji może oznaczać powrót do ducha zespołowego zwykłego skupienia — moment przebudzenia, w którym indywidualne umysły rozpoznają swoje połączenie z większą całością. Ta przygoda, zarówno intelektualna, jak i religijna, rzuca nam wyzwanie, abyśmy przemyśleli, co jest rzeczywiste, co jest wykonalne i dokąd świadomość może nas w dłuższej perspektywie zaprowadzić.

7.5 Czy powinniśmy pozostać w symulacji, czy ją zniszczyć?

Pytanie, czy ludzkość musi pozostać w ograniczeniach symulowanego faktu, czy też próbować się od niego uwolnić, ma głębokie implikacje filozoficzne, moralne i egzystencjalne. Odkrywając możliwość życia w symulacji, natrafiamy na sytuację bez wyjścia: czy musimy nadal obejmować symulację ze wszystkimi jej wygodami i ograniczeniami, czy też powinniśmy starać się ją zniszczyć, bez wątpienia przyjmując nieznane rezultaty wyzwolenia? To pytanie dotyka samej natury rzeczywistości, przyczyny stylów życia i znaczenia samej wolności.

Jednym z argumentów za finałem wewnątrz symulacji jest to, że może ona zapewnić środowisko sprzyjające boomowi, eksploracji i poznawaniu. Symulacje, poprzez swój układ, mogą tworzyć sytuacje, które mogą być specjalnie zarządzane, zapewniając obszar, w którym ludzie mogą rozkoszować się ogromną różnorodnością możliwości i wyzwań bez ryzyka związanego z nieprzewidywalnym lub chaotycznym faktem zewnętrznym.

Jeśli symulacja jest zaprojektowana tak, aby ułatwić ewolucję świadomości, to może być widoczna jako pielęgnujące otoczenie, w którym będziemy udoskonalać naszą wiedzę o wszechświecie, rozwijać nowe technologie i eksplorować granice stylów życia w sposób, który mógłby być niemożliwy w świecie niesymulowanym. W tym kontekście pozostawanie w symulacji można postrzegać jako możliwość dalszego rozkwitu — trwającego systemu odkryć i samodoskonalenia.

Co więcej, z bardziej rozsądnej perspektywy, symulacja jest prawdopodobnie jedynym faktem, jakiego możemy doświadczyć. Jeśli symulacja jest nieodróżnialna od „rzeczywistego" świata i jeśli nie ma możliwości ucieczki, wówczas koncepcja opuszczenia jej staje się bezprzedmiotowa. Dla wszystkich celów i funkcji symulacja jest naszą prawdą, a każde działanie, które mogłoby skutkować jej zniszczeniem, może chcieć doprowadzić do unicestwienia wszystkiego, co rozpoznajemy, w tym naszej samej świadomości. Z tego punktu widzenia pozostanie w symulacji jest nie tylko najbezpieczniejszą opcją, ale także najbardziej logiczną, ponieważ jest to prawda, którą rozpoznaliśmy i do której się przystosowaliśmy.

Z drugiej strony, koncepcja zniszczenia symulacji obraca się wokół dążenia do zamknięcia wolności i wyboru zerwania z syntetycznymi ograniczeniami. Jeśli naprawdę jesteśmy uwięzieni w sfabrykowanym fakcie, wówczas idea uwolnienia się od niego stanie się przekonującym argumentem. Koncepcja przekroczenia symulacji sugeruje, że może istnieć wyższa, bardziej autentyczna forma życia gotowa poza nią — forma skupienia, która nie jest pewna poprzez ograniczenia symulowanego świata .

Jedną z ważnych motywacji do poszukiwania sposobu na zniszczenie symulacji jest pojęcie, że może ona być fantazmatem — sztucznym zgromadzeniem, które uniemożliwia nam pełne doświadczenie rzeczywistej natury bytu. Jeśli arena, w której żyjemy, jest symulacją, wówczas nasze postrzeganie rzeczywistości może być zniekształcone, a nasze doświadczenia mogą być kształtowane przez siły zewnętrzne poza naszą kontrolą. W takim przypadku akt zniszczenia symulacji może być postrzegany jako próba uwolnienia się od fałszywej rzeczywistości i odnalezienia głębszej, bardziej znaczącej prawdy.

Ponadto koncepcja „ucieczki" od symulacji powinna stanowić ostateczną formę samostanowienia. Jeśli jesteśmy w stanie uwolnić się od symulacji, będzie to oznaczać triumf ludzkiej przedsiębiorczości nad sztucznymi ograniczeniami. Może to być akt buntu, podtrzymujący naszą autonomię i nasze prawo do kształtowania naszej osobistej przyszłości. Preferencja zniszczenia symulacji powinna być zatem widoczna jako istotny wyraz naszej wrodzonej potrzeby wolności i samoświadomości.

Choć pomysł oderwania się od symulacji jest kuszący, dodatkowo zwiększa on ogromne obawy etyczne. Jeśli symulacja jest otoczeniem stworzonym w określonym celu — czy to będzie ewolucja świadomości, czy eksploracja faktów — wówczas jej zniszczenie może mieć dalekosiężne konsekwencje, nie tylko dla nas, ale dla wszystkich podmiotów w symulacji.

Jedno z głównych pytań moralnych dotyczy natury istot, które istnieją w symulacji. Jeśli symulacja obejmuje istoty świadome, jej zniszczenie może spowodować unicestwienie rozpoznania tych istot. Nawet jeśli te byty są syntetycznymi konstrukcjami, dylemat etyczny pozostaje: czy cena naszej potencjalnej wolności przewyższa krzywdę wyrządzoną populacji symulacji? Zniszczenie symulacji może być postrzegane jako forma przemocy egzystencjalnej, akt wymazania całych światów studiów, umysłu i świadomości. Ponadto decyzja o zniszczeniu symulacji może być nieodwracalna. Jeśli uda nam się uwolnić od symulowanej międzynarodówki, może nie być sposobu, aby się wycofać. Niebezpieczeństwo trwałej utraty — zarówno naszego uznania, jak i faktu, że zostaliśmy poznani — stwarza głęboką etyczną sytuację. Czy powinniśmy być skłonni podjąć to ryzyko, wiedząc, że skutki porażki mogą być katastrofalne? Czy dążenie do prawdy i wolności jest warte możliwości zniszczenia całości, którą zachowujemy, kosztowności?

Zamiast postrzegać wybór jako binarny — czy żyć w symulacji, czy ją zepsuć — bardziej produktywne może być zbadanie możliwości przekroczenia symulacji bez konieczności jej niszczenia. W tej metodzie ludzkość mogłaby dążyć do rozpoznania prawdziwej natury symulacji, odkrycia jej ograniczeń i znalezienia metod na poszerzenie naszej świadomości poza ograniczenia syntetycznego globalnego .

Postęp technologiczny, w tym interfejsy umysł- laptop , komputery kwantowe i zaawansowana sztuczna inteligencja, mogą dodatkowo oferować ścieżki do dekorowania naszych percepcji rzeczywistości i otwierać drzwi do nowych wymiarów doświadczenia. Zamiast szukać możliwości wyrwania się lub złamania symulacji, moglibyśmy zbadać możliwość interakcji z nią w głębszych podejściach, ostatecznie podnosząc naszą świadomość do stopnia, w którym granice między symulowanym a rzeczywistym staną się nieodpowiednie.

Co więcej, filozoficzna technika rozwiązywania problemów może sugerować, że różnica między „rzeczywistym" a „symulowanym" jest sama w sobie iluzją. Jeśli skupienie jest prawdą numer jeden, a radość życia jest tym, co jest tematem, to pytanie, czy sektor, w którym żyjemy, jest symulowany, może również stać się mniej ważne. Z tego punktu widzenia akt życia, eksploracji i zwiększania uznania może być widoczny jako cel końcowy, niezależnie od tego, czy jesteśmy w symulacji, czy nie.

Ostatecznie wybór pozostania w symulacji lub jej rozbicia może zależeć od naszego ewoluującego zrozumienia świadomości. Jeśli postrzegamy skupienie jako coś, co nie ogranicza się do granic symulacji, wówczas nasze rozkoszowanie się nim może być postrzegane jako tymczasowa faza — ważny krok w szerszej ewolucji uwagi. W tym przykładzie akt pozostania w symulacji może być częścią większego systemu samopoznania, podczas gdy decyzja o uwolnieniu się może dodatkowo reprezentować końcowy wynik tej przygody.

W obu przypadkach pytanie, czy musimy żyć w symulacji, czy ją rozbić, jest ostatecznie odzwierciedleniem naszego głębszego poszukiwania sensu, wolności i wiedzy. Podczas gdy wciąż badamy charakter prawdy, rozpoznania i naszego regionu we wszechświecie, pytanie to prawdopodobnie pozostanie jednym z najgłębszych wyzwań naszego życia.

Dylemat, czy pozostać w symulacji, czy ją przerwać, daje istotną egzystencjalną misję. Oba wybory — pozostanie w symulacji lub próba wyrwania się — przynoszą głębokie efekty, zarówno dla człowieka, jak i dla zbiorowej uwagi. Rozważając tę decyzję, musimy zmierzyć się z charakterem faktu, ograniczeniami percepcji i etycznymi implikacjami naszych ruchów. Rozwiązanie może również leżeć nie w wyborze jednej drogi zamiast drugiej, ale w zrozumieniu głębszych pytań leżących u podstaw tej sytuacji i poszukiwaniu sposobów na wyjście poza ograniczenia naszych najnowocześniejszych informacji. Niezależnie od tego, czy żyjemy w symulacji, czy się z niej wyrwiemy, dążenie do skupienia i wolności pozostanie w sercu naszej przygody.